Widmung

Dieses Buch ist Karl und Enid Abel gewidmet.

Meiner Schwiegermutter Enid Abel für ihre Großzügigkeit und dafür, daß sie immer auf meiner Seite war. Man sagt: „Hinter jedem erfolgreichen Mann steht eine davon überraschte Schwiegermutter." Sie war mir immer ein wirkliches Geschenk – eines, für das ich niemals dieses Buch benötigt habe.

Meinem Schwiegervater Karl Abel für seine Großzügigkeit und Anwesenheit in meinem Leben. Beim Tod meines Vaters sagte er aus tiefstem Herzen: „Ich werde jetzt dein Vater sein." Dafür bin ich ihm ewig dankbar.

Einige Wochen, bevor ich die beiden kennenlernte, hörte ich in einem meditativen Augenblick eine Stimme zu mir sagen: „Du wirst bald ein großartiges Geschenk erhalten. Du wirst eine zweite Mutter und einen zweiten Vater bekommen." Dieses Buch habe ich als Ausdruck der Wertschätzung für dieses großartige Geschenk geschrieben. Danke, Mutter! Danke, Vater!

Danksagung

Ich möchte Peggy Chang, Kathy Strobel und Jane Corcoran für die vielen Stunden danken, die sie mit der Texterfassung verbracht haben. Ich danke Jane Corcoran, Heidi Ainsworth, Elizabeth Kewin und Karen Sullivan dafür, daß sie durch ihre Bearbeitung und ihre Kommentare zur Verbesserung dieses Buches beigetragen haben; ihre Arbeit war unschätzbar wertvoll. Mein Dank geht auch an meine außergewöhnliche Agentin Sue Allen für all ihre Unterstützung, ihre Hilfe und Verbundenheit. Danke Euch allen für Eure Treue und Freundschaft! Ebenso danke ich Lucie Mattar, die als Assistentin und Stütze dafür sorgte, daß auch dann alles wie am Schnürchen lief, wenn wir alle in Hektik waren.

Ein solches Buch ist ein Gemeinschaftsprojekt, und darum danke ich meiner Frau Lency und meinen Kindern für all ihre Liebe, ihre Unterstützung und Inspiration.

Zu guter Letzt danke ich dem Buch „*Ein Kurs in Wundern*" für die zentrale Rolle, die dieses in meinem Leben gespielt hat. In dem vorliegenden Buch finden sich immer wieder Prinzipien, die ich durch den *Kurs in Wundern* gelernt habe. Im Laufe der Jahre machte ich viele „Entdeckungen"; ich fand Ideen und Prinzipien, von denen ich glaubte, daß sie nie zuvor aufgeschrieben worden seien. Bis ich dann auf *Ein Kurs in Wundern* stieß. Er bestätigte das, was ich selbst herausgefunden hatte, und lehrte mich eine ganze Menge mehr.

Inhaltsverzeichnis

Widmung		3
Danksagung		4
Vorwort		8
Einführung		9
Weg 1	Die Menschen, die wir ablehnen, gehören zu unserem Team	11
Weg 2	Vertrauen verändert alles zum Vorteil	15
Weg 3	Betrachte die Menschen, die du ablehnst, im gegenwärtigen Augenblick	18
Weg 4	Wir benutzen die Menschen, die wir ablehnen, um den nächsten Schritt zu vermeiden	20
Weg 5	Vergib, um dieses Problem zu heilen	23
Weg 6	Im Leben geht es um Glücklichsein und Heilung	25
Weg 7	Unser Zorn ist eine Form von Kontrolle	30
Weg 8	Unser Zorn verbirgt tiefere Gefühle	33
Weg 9	Kommunikation – die Brücke zur Heilung	36
Weg 10	Unsere Klagen verbergen unerledigte Angelegenheiten innerhalb unserer Familie	41
Weg 11	Ein Mensch, den wir ablehnen, ist unsere Projektion	44
Weg 12	Unsere Klagen und Beschwerden verbergen unsere Schuldgefühle	47
Weg 13	Ein Machtkampf ist ein Ort, an dem letzten Endes alle Beteiligten verlieren	48
Weg 14	Die Menschen, die wir ablehnen, halten uns nicht zurück	51
Weg 15	Die Menschen, die wir ablehnen, sind gekommen, um uns zu helfen	54
Weg 16	Aufopferung ist eine Form von falsch verstandener Verbundenheit	58

Weg 17	Die Menschen, die wir ablehnen, halten uns nicht davon ab, Liebe zu empfangen	61
Weg 18	Wenn wir uns mit den Menschen verbinden, die wir ablehnen, wird Heilung geschehen	65
Weg 19	Die Menschen, die wir ablehnen, sind keine Falle	68
Weg 20	Verständnis öffnet das Tor zur Vergebung, und Wertschätzung öffnet das Tor zur Liebe	70
Weg 21	Unser Gleichgewicht hilft nicht nur uns selbst	73
Weg 22	Ein Angriff auf einen Menschen, den wir ablehnen, ist in Wirklichkeit ein Angriff auf unseren Partner	76
Weg 23	Auf beiden Seiten eines Konflikts handeln die Beteiligten auf entgegengesetzte Weise und fühlen das gleiche	80
Weg 24	Erwartungen sind verborgene Forderungen	82
Weg 25	Schuldgefühle sind nichts anderes als eine Falle	85
Weg 26	Akzeptanz heilt Konflikte	88
Weg 27	Unsere Lebensaufgabe wartet auf uns	91
Weg 28	Die Menschen, die wir ablehnen, sind gekommen, um uns zu retten	94
Weg 29	Über die Bedeutung von Verurteilung	98
Weg 30	Die Angst vor Nähe	101
Weg 31	Bekommen oder Zurechtkommen	104
Weg 32	Das Abzahlen von Schuldgefühlen	108
Weg 33	Selbstaggression	112
Weg 34	Unerledigte Angelegenheiten und transformierende Kommunikation	115
Weg 35	Wir ernten, was wir säen	119
Weg 36	Kontrolle heilen	122
Weg 37	Wettbewerb ist eine Form von Verzögerung	126
Weg 38	Problem-Menschen und die Beziehung zu uns selbst	131

Weg 39	Negative Geschichten heilen	134
Weg 40	Verbundenheit und gesellschaftlicher Wandel	139
Weg 41	Schattenfiguren	143
Weg 42	Auslegerboote	147
Weg 43	Unsere Beziehung zu anderen zeigt unsere Selbstkonzepte	150
Weg 44	Karmische Geschichten	156
Weg 45	Hinter jedem Konflikt verbirgt sich in Wirklichkeit die Angst, alles zu haben	161
Weg 46	Vampire und ‚Giftmenschen'	163
Weg 47	Selbstsucht oder Beziehung?	169
Weg 48	Der Plan des Egos	172
Weg 49	Mit Gott zurechtkommen	177
Weg 50	Rebellion oder Bestimmung?	181
Glossar		184

Vorwort

*M*ir scheint, daß wir ohne große Mühe immer jemanden finden können, mit dem wir ein Problem haben. Das kann zu seelischen Qualen, zu Fallen, Konflikten und Schmerz führen. Jedes Problem mit einem anderen Menschen spiegelt einen Konflikt in unserem Inneren wider. Was wir an anderen hassen, hassen wir an uns selbst, und es sind innere Blockaden, die unsichtbare Mauern in unserem Leben entstehen lassen, welche uns von der Liebe, vom Voranschreiten und vom Erfolg abhalten.

Da glückliche Beziehungen der Schlüssel zur Erfahrung der Freude in unserem Leben sind, erschien es mir wichtig, ein einfaches Buch mit entsprechenden Prinzipien zu schreiben, das wie ein alter Freund da ist, wenn man es braucht. Möge dieses Buch dir in guten wie in schlechten Zeiten dienen, auch dann, wenn die Straße dunkel und bedrohlich erscheint. Ein altes koreanisches Sprichwort lautet: „Selbst wenn der Himmel einstürzt, gibt es noch einen Ausweg." Es gibt immer einen Ausweg, sofern du bereit bist, die Dinge anders zu sehen. Möge dieses Buch dir einen Ausweg bescheren und dir den Weg nach innen zeigen – nicht nur hinein in die Herzen und Gedanken der anderen, sondern auch zu dir selbst.

Mit einem herzlichen Aloha

Chuck Spezzano

Hawaii 2001

Einführung

*D*ieses Buch ist für Anfänger und Fortgeschrittene gleichermaßen geeignet. Es wird in dem Maße mit dir wachsen, wie du dich weiterentwickelst, und wenn du es dann vielleicht in sechs Monaten oder zwei Jahren wieder zur Hand nimmst, wird es für dich da sein, um dich erneut auf deiner persönlichen Heilungsreise zu begleiten. Manche Prinzipien werden im Laufe dieses Buches zwei- oder dreimal wiederholt, manchmal als Unterpunkte innerhalb eines Kapitels, um dann im weiteren Verlauf des Buches Gegenstand eines ganzen Kapitels zu sein. Einige Kapitel bauen aufeinander auf, andere kehren aus unterschiedlichen Blickwinkeln zum selben Thema zurück und informieren auf diese Weise ausführlich über ein besonders wichtiges Gebiet.

Aufgrund der Gleichwertigkeit der einzelnen Kapitel kannst du das Buch so für dich nutzen, daß du intuitiv drei Zahlen zwischen 1 und 50 wählst und dann die entsprechenden Kapitel im Hinblick auf dein Problem durcharbeitest. Dies wird dir leichter fallen, wenn du zuvor das gesamte Buch gelesen und durchgearbeitet hast, da es sich bei manchen Konzepten um ungewohnte bzw. unterbewußte Prinzipien handelt. Du kannst auch die intuitiv gewählten Kapitel markieren und sie besonders intensiv studieren, wenn du beim Durcharbeiten des Buches an die entsprechende Stelle kommst. Wenn du das Buch beendet hast, kannst du dir, wenn du möchtest, drei weitere Kapitel zum Wiederholen aussuchen.

Es ist zwar nicht nötig, die Übungen zu machen, allerdings bekommt das Buch dadurch zusätzlich zu seinem informativen Wert für dich auch eine transformierende Wirkung. So mancher Lesestoff mag dir beim ersten Lesen schwierig erscheinen, doch wenn du der Botschaft erlaubst, ihren Samen in deinem Geist aufgehen zu lassen, wirst du feststellen, daß neues Verstehen und neues Selbst-Verständnis in dir wachsen. Wenn du das Buch zu einem späteren Zeitpunkt noch einmal liest, werden zuvor unklare Botschaften für dich konkrete Form annehmen.

Dies Buch ist nicht als religiöse Schrift gedacht, doch es ist eindeutig spirituell. Ich habe festgestellt, daß das Spirituelle gemeinsam mit den künstlerischen, seelischen und schamanischen Bereichen einen natürlichen Teil unseres Geistes darstellt. Auf ihrer letzten Stufe geht unsere Entwicklung in eine spirituelle Richtung, und ich habe festgestellt, daß diese spirituellen Metaphern bei Menschen in Asien, Afrika, Nordamerika und Europa, ganz gleich welcher Religionszugehörigkeit oder Glaubensüberzeugung, gleichermaßen funktionieren.

Dieses Buch ist so konzipiert, daß du leicht vorankommst, wenn du ein Kapitel pro Tag durcharbeitest, doch das für dich effektivste Tempo wirst du selbst auf deiner Reise herausfinden.

Weg 1
Die Menschen, die wir ablehnen, gehören zu unserem Team

*D*er wichtigste Aspekt unseres Lebens ist unsere Einstellung, denn sie bestimmt die Richtung, in die wir gehen. Unsere Einstellung entsteht aus fortwährenden Entscheidungen, die wir in eine bestimmte Richtung treffen. Daher ist es höchst wichtig, daß wir ein Leben wählen, das auf Geben, Erneuerung, Verjüngung und Fülle ausgerichtet ist. Tun wir dies nicht, so sind unsere Aussichten gering, Liebe und Glücklichsein kennenzulernen.

Das Leben mag wie ein Krieg erscheinen, in dem wir für unsere Familie kämpfen, während andere Menschen uns und unsere Sicherheit von außen bedrohen. Manchmal führen wir natürlich auch innerhalb der Familie Krieg. Wenn wir uns für eine „Wir-gegen-den-Rest-der-Welt"-Einstellung entscheiden, wird sich dies mehr oder weniger deutlich in Beziehungsproblemen mit den Menschen äußern, die wir am meisten lieben. Wir werden vor dem Konkurrenzdenken, dem Machtkampf und der Angst, deren Existenz wir so offenkundig in der Welt um uns herum beobachten, nicht sicher sein. Deshalb ist es höchst wichtig, daß wir eine Einstellung wählen, die uns mit unseren Partnern, mit unseren Familien und der äußeren Welt verbindet.

Die spirituelle Erkenntnis „Liebet eure Feinde" wurde von Jesus Christus auf die Erde gebracht, doch als psychologisches Werkzeug zur Heilung und Verwandlung von Situationen hat sie wenig Anerkennung und noch weniger Anwendung gefunden. Wir haben die Möglichkeit, unsere Feinde zu unseren Verbündeten, zu Mitgliedern unseres Teams und sogar zu unseren Rettern zu machen. Dies ist die edelste Einstellung, die wir gegenüber unseren Mitmenschen einnehmen können. Wenn wir im Umgang mit einem Menschen in unserem Leben wahrhaftig erfolgreich sind, indem wir ihn zu unserem Verbündeten machen, wirkt sich dies gleichzeitig positiv auf all unsere anderen Beziehungen aus, die dadurch mehr Unterstützung bringen und gesünder werden.

Diejenigen Menschen, die wir nicht mögen, stellen eine Lektion dar, die wir aufgefordert sind zu lernen. Mit dem Lernen dieser Lektion wächst unsere Reife, unsere Zuversicht, unsere Kontaktfähigkeit und unsere Fähigkeit zu empfangen. Wenn wir die Lektion lernen, einen scheinbaren Feind in einen wichtigen Verbündeten zu verwandeln, so stärkt dies unsere Führungsqualitäten, es vermehrt unsere Kraft und Stärke und ist eine wahrhafte Hilfe für die Welt.

Während meiner tiefenpsychologischen Arbeit hat sich dieses Prinzip immer wieder bestätigt, und zwar nicht nur in therapeutischen Sitzungen und Seminaren, sondern auch außerhalb davon. Viele hundert Male haben mir Menschen nach der Teilnahme an einem Workshop, in dem sie auf irgendeine Weise Heilung erfahren haben, von ihrer Feststellung berichtet, daß sie bei ihrer Rückkehr nach Hause ihren Partner, ihr Kind, die Eltern oder die Schwiegermutter verändert vorfanden.

Es ist möglich, die Welt um uns herum zu verändern, indem wir uns selbst verändern. Dieses Buch ist ein praktisches Hilfsmittel, um genau das zu tun. Es gibt uns das Werkzeug an die Hand, doch wir müssen die Bereitschaft und Einstellung mitbringen, welche für die Umsetzung der Veränderungen erforderlich ist. Wir sind aufgefordert, „unsere Position aufzugeben". Immer dann, wenn wir nicht weiterkommen, sind wir unfähig zu lernen, weil wir auf einer unterbewußten Ebene einen inneren Konflikt verbergen. Durch unsere Bereitschaft, in dieser Situation unrecht zu haben, können wir all dies verändern – denn wenn wir recht haben, wenn es genau so ist, wie wir glauben, wenn der Mensch, mit dem wir nicht klarkommen, genau so ist, wie wir behaupten, dann stecken wir in der Situation fest, so wie sie ist.

Durch unsere Bereitwilligkeit zu lernen, durch die Bereitschaft, unrecht zu haben, sind alle Türen offen, und die Dinge können sich verwandeln. Wir haben jetzt wieder eine Chance, glücklich zu sein. Wir sind keine Opfer, wir haben Kraft. Ganz gleich, wie heimtückisch, unehrlich oder bösartig der Mensch zu sein scheint, mit dem du nicht zurechtkommst, die im Konflikt mitspielenden Prinzipien besitzen die Urkraft zur Verwandlung der betreffenden Situation. Die Schlüsselfrage ist, ob wir bereit sind, zu lernen und uns zu verändern. Wenn wir nicht willens sind, die Art und Weise zu verändern, wie wir die Situation erleben, wird sie bleiben, wie sie ist.

Einer der größten Fehler, die wir in Beziehungen machen, besteht darin, so zu tun, als sei der andere einzig und allein auf der Welt, um unsere Bedürfnisse zu erfüllen, um uns glücklich zu machen und so zu handeln, „wie es uns paßt". Ein anderer Mensch kann uns nur dann verärgern, wenn er nicht nach dem Drehbuch lebt, das wir ihm auf den Leib geschrieben haben; wir können nur dann verärgert sein, wenn der andere sein Leben nicht unseren Erwartungen entsprechend lebt. Dies ist ein Mißbrauch von Beziehungen. Dadurch werden Menschen zu Objekten degradiert und zu bloßen Statisten in einem Film gemacht, in dem wir der Hauptdarsteller, Regisseur und Produzent sind. Kein Mensch kann versagen oder uns gar verraten. Der andere handelt einfach nicht in der Art und Weise, die wir ihm zugedacht haben. Er spielt einfach nicht die Rolle, die wir ihm mehr oder weniger stillschweigend zugeteilt haben.

Um diese Lektion zu lernen, müssen wir eine veränderungswillige Haltung einnehmen und Energie in die Veränderung stecken. Es handelt sich um die Entscheidung, das Leben auf andere Art zu betrachten und nicht länger Opfer in Beziehungen zu sein. Mit dem Ändern unserer Einstellung ändern wir unser Leben. Unsere Haltung bestimmt unsere Erfahrungen und unsere Sicht der Welt. Unsere Einstellung bestimmt unseren Erfolg und unser Glück. Wie glücklich sind wir in unserem Leben? Wenn wir nicht uneingeschränkt glücklich sind, gibt es für uns immer noch etwas zu lernen. Vielleicht ist jetzt der Zeitpunkt gekommen, um wieder einmal mit dem Lernen und Wachsen zu beginnen.

Während der Arbeit mit diesem Buch ist es wichtig, uns selbst und auch die Menschen, mit denen wir nicht klarkommen, zu respektieren. Es ist wichtig, daß wir uns nicht zum Märtyrer machen oder als emotionalen Punchingball benutzen lassen. Diese Prinzipien haben zwar schon so manchen Fall von Mißbrauch in der Ehe in weniger als einer Stunde verändern können, doch wir müssen selbst erkennen, inwieweit wir in der Lage sind, mit einer bestimmten Situation zurechtzukommen. Während es sich bei den meisten der hier beschriebenen Veränderungen um innere Veränderungen handelt (die zu äußeren Veränderungen führen), gibt es auch bestimmte Situationen, die äußere Veränderungen erforderlich machen – um Mißbrauch zu verhindern. Wir müssen unser Unterscheidungsvermögen einsetzen, um den Unterschied zu erkennen, damit wir nicht in körperlich bedrohlichen

Situationen ausharren. Diese Prinzipien sind dazu da, um uns zu stärken und unsere Entwicklung zu unterstützen. Sie sind nicht dazu da, um uns noch mehr zum Sklaven zu machen. Wenn wir uns für diese Prinzipien öffnen und unser Unterscheidungsvermögen nutzen, werden wir Erfolg haben.

Übung

Entscheide dich heute dafür, daß die Menschen, die du ablehnst, zu deinem Team gehören sollen. Beginne diese Menschen als entscheidenden Teil deines Glücks zu betrachten. Wenn sie verlieren, verliert die ganze Mannschaft. Wenn sie verlieren, mußt du die Rechnung bezahlen. Das Leben ist ein Mannschaftssport. Es gibt keinen Bereich, in dem die gegenseitige Verbindung von Beziehungen nicht ein entscheidender Faktor wäre. Die anderen müssen gewinnen, und du mußt gewinnen, damit größtmögliches Glück entstehen kann.

Wenn du glaubst, daß ein anderer verlieren muß, damit du gewinnen kannst, dann wirst du mindestens die Hälfte der Zeit ebenfalls verlieren müssen, damit deine Gewinner-Verlierer-Einstellung im Spiel des Lebens fortbestehen kann. Du magst vielleicht in der Auseinandersetzung mit diesem speziellen Menschen nicht der Verlierer sein, aber auf irgendeine Art und Weise wirst du verlieren. Es ist an der Zeit zu lernen, wie man ein guter Mannschaftsspieler wird; mehrere Menschen, die für ein gemeinsames Ziel eintreten, können so viel mehr erreichen als ein einzelner Spieler. Triff eine neue Entscheidung. Wenn du dich beständig dafür einsetzt, daß alle Beteiligten gewinnen, ungeachtet des Verhaltens derjenigen Person, mit der du nicht zurechtkommst, wirst du daran reifen und Kraft gewinnen. Dem kann am Ende, wenn nicht schon von Anfang an, niemand widerstehen.

Mit zunehmender Reife lernen wir zunächst, erfolgreiche Beziehungen zu anderen zu haben. Dann lernen wir, wie wir eine erfolgreiche Beziehung mit dem Menschen führen können, der uns am nächsten steht. Zu guter Letzt lernen wir, wie wir als Teil einer Gruppe leben, lernen und arbeiten können. Deine Einstellung und eine innerlich reine, liebevolle Haltung sind wahrscheinlich die beiden wichtigsten Aspekte in deinem Reifeprozeß.

Weg 2
Vertrauen verändert alles zum Vorteil

Wenn Probleme auftreten, liegt es daran, daß unser Geist gespalten ist. Der bewußte Teil des Geistes möchte vorankommen, doch im Unterbewußtsein haben wir Angst, etwas zu verlieren, von dem wir uns angezogen fühlen. Wir projizieren dann den unterbewußten Teil auf einen anderen Menschen oder eine Situation, die uns dann zu behindern scheint. In Wahrheit ist das Hindernis lediglich die äußere Manifestation unseres inneren Zwiespaltes. Dieser Zwiespalt äußert sich als mangelnde Zuversicht.

Zuversicht verwandelt problematische Situationen in etwas, was es lediglich „zu bewältigen" gilt. Vertrauen ist das, was Zuversicht entstehen läßt. Vertrauen beinhaltet auch die Entscheidung, nicht naiv zu sein, denn Naivität ist ein Zustand, in dem wir Informationen und intuitive Wahrnehmungen mißachten. Vertrauen nimmt sich der gesamten Situation an, ganz gleich, wie negativ sie zu sein scheint, und beginnt sie zum Vorteil zu verändern. Vertrauen setzt – wie auch der Glaube – die Kraft unseres Geistes ein, damit eine Situation sich in positiver Weise entfalten kann. Vertrauen weiß, daß jede Situation für uns arbeitet, wie immer sie auch aussehen mag. Mit diesem Wissen können wir in der jeweiligen Situation jeden Vorteil und Nutzen erkennen.

Vertrauen ist das Gegenteil von Kontrolle oder Machtkampf. Es unternimmt keinen Versuch, andere Menschen zu ändern, damit sie unsere Bedürfnisse erfüllen oder die Dinge „auf unsere Weise" tun. Bei den seltenen Gelegenheiten, wo eine solche Strategie erfolgreich ist, wo wir als Gewinner hervorgehen und andere nach unseren Vorstellungen handeln, verlieren diese Menschen ihre Attraktivität und gehen in die Aufopferung (siehe Weg 16). Wenn andere ihre Attraktivität verlieren, werden wir ebenfalls zum Verlierer, und es beginnt sich anzufühlen, als würden wir uns bereits durch unser bloßes Zusammensein mit ihnen aufopfern. Wenn ein Mensch verliert, wird er in der Regel den richtigen Zeitpunkt abwarten, bis er wieder einen Versuch starten kann, zu gewinnen und die Oberhand zu bekommen.

Vertrauen läßt alle gewinnen. Vertrauen ist eines der ursprünglichsten Heilungsprinzipien. Es gibt kein Problem, das nicht durch Vertrauen geheilt werden könnte.

Übung

Richte heute die Kraft deines Geistes auf einen Menschen aus, den du nicht magst. Wenn du anfängst, diesem Menschen und seinen Handlungen zu vertrauen, selbst wenn es sich um scheinbar böswillige Handlungen handelt, beginnen diese paradoxerweise für dich zu arbeiten. Vertrauen bringt dich und die Situation voran.

Wenn du dich mit dem Gedanken auseinanderzusetzen beginnst, einem Menschen zu vertrauen, mit dem du nicht zurechtkommst, wirst du vielleicht feststellen, daß Gefühle wie Angst, Wut oder Verletztheit in dir hochkommen. Vertraue den in dir aufsteigenden Gefühlen, welcher Art sie auch sein mögen. Selbst wenn es sich um negative Gefühle handelt, werden sie sich in positiver Weise zu entfalten beginnen. Wenn du zum Beispiel Angst spürst und diesem Gefühl vertraust, beginnt es sich zum Positiven zu verändern. Vertraue deinem Instinkt. Du wirst geführt werden, etwas zu tun, wobei dir nichts passieren kann. Negative Emotionen sind keine instinktiven Gefühle, sondern auf Urteilen beruhende Reaktionen. Durch Vertrauen können sie sich in positiver Weise entfalten.

Verleugne deine Gefühle nicht; nimm sie bewußt wahr. Stelle dir dann vor, daß du dein Vertrauen und deine Geisteskraft durch diese Gefühle hindurch sowohl zu der Person schickst, mit der du nicht zurechtkommst, als auch zur betreffenden Situation.

Du wirst vielleicht feststellen, daß deine Emotionen dabei stärker werden. Dies ist ein natürlicher (aber nicht unbedingt notwendiger) Teil des Heilungsprozesses. Sende so lange deine Energie, die Kraft deines Vertrauens, durch diese Emotionen hindurch zu dem Menschen, mit dem du nicht zurechtkommst, bis die Gefühle verschwunden sind und ein Gefühl des Friedens über dich kommt.

Sende diesem Menschen jedesmal, wenn du an ihn denkst, dein Vertrauen. Um Vertrauen zu üben, brauchst du nicht zu wissen, wie die Situation möglicherweise besser werden könnte. Du hast einzig und allein die Verantwortung, dein Vertrauen auszusenden, bis du dich in Frieden fühlst. Es mag sein, daß du durch viele Gefühlsschichten hindurchgehen mußt. Um es noch einmal zu sagen: Es handelt sich dabei um einen Heilungsprozeß, und es gibt keinen Grund zur Sorge. Wenn es bei dir nicht der Fall ist, daß du durch mehrere Gefühlsschichten hindurch mußt, wird deine Heilung dadurch sogar noch einfacher.

Richtig angewendet, kann Vertrauen allein schon die Situation komplett verwandeln. Sende dem Menschen, mit dem du nicht zurechtkommst, heute mindestens dreimal dein Vertrauen – und am besten jedesmal, wenn du an ihn denkst – so lange, bis du dich in Frieden fühlst.

Weg 3
Betrachte die Menschen, die du ablehnst, im gegenwärtigen Augenblick

Die Vergangenheit ist vorbei. Sie existiert nicht, es sei denn, wir halten sie am Leben. Die Vergangenheit, die wir am Leben erhalten, ist eine Vergangenheit, die für uns einen Zweck erfüllt. Es ist eine Vergangenheit, die wir auf irgendeine Art und Weise dazu benutzen, unser Verhalten in der Gegenwart zu rechtfertigen.

Wenn wir die Vergangenheit loslassen, befreit uns dies von ihren negativen Auswirkungen. Die meisten Menschen leben ganz und gar nicht in der Gegenwart, denn wenn wir dies täten, wären wir glücklich. In der Zukunft leben heißt, in Angst leben. In der Vergangenheit leben ist verbunden mit Schuld- und Wertlosigkeitsgefühlen. Alle Schmerzen und negativen Emotionen, die wir empfinden, sind eigentlich alte Schmerzen und Emotionen, die wir in die Gegenwart hineingeschleppt haben. Wenn solche Gefühle in der Gegenwart hochzukommen scheinen, handelt es sich in Wirklichkeit um alten Schmerz oder Ärger, der durch ein gegenwärtiges Ereignis aufgewühlt wird.

Diese alten Schmerzmuster warten darauf, ausgegraben und geheilt zu werden. Einen Menschen im gegenwärtigen Augenblick zu betrachten bedeutet, ihn so zu sehen, als würden wir ihm das erste Mal begegnen. Dann halten wir ihm nicht die Vergangenheit vor, und wir können ihn in neuem Licht betrachten.

Wenn es in unserem Leben einen Menschen gibt, mit dem wir nicht zurechtkommen, bedeutet dies, daß bereits ein entsprechendes Muster vorhanden war, bevor wir ihn kennenlernten. Auch dies ist ein Weg, die Vergangenheit in die Gegenwart hineinzuzerren. Wir tragen ungelöste Konflikte mit wichtigen Menschen aus der Vergangenheit – zum Beispiel Eltern, Geschwistern oder früheren Liebespartnern – in unsere gegenwärtigen Beziehungen hinein, um sie dort aufzuarbeiten. Der Geist schafft ständig bestimmte Situationen, damit endlich Heilung geschehen kann.

Wenn es Themen gibt, die in der Vergangenheit nicht aufgelöst wurden, neigen wir dazu, die Gegenwart mit den Augen der Vergangenheit zu sehen. Das bedeutet in Wirklichkeit, daß wir „durch eine dunkle Brille sehen" und uns dabei in einer Weise verhalten, als seien die Dinge tatsächlich so, wie wir sie sehen. Ein Gefühl des Friedens und des Glücks ist jedoch der beste Indikator dafür, daß wir klar sehen, ohne daß sich die Vergangenheit störend einmischt.

Die meisten Menschen leben in einer Gegenwart, die von der Vergangenheit diktiert wird. Die Software unseres Biocomputers öffnet in der Gegenwart immer wieder die Dateien unserer unerledigten oder ungeheilten Vergangenheit. Dadurch bleibt uns nicht viel Spielraum für neue Möglichkeiten oder neue Entscheidungen. Unsere Gegenwart ist eine Geisel der Vergangenheit. Nur dann, wenn wir die Vergangenheit hinter uns lassen, haben wir eine Chance, glücklich zu sein. Wir brauchen nur die Vergangenheit zu heilen, besser: Es ist nur unsere *Wahrnehmung* der Vergangenheit, die nach Heilung ruft.

Übung

Konzentriere dich heute darauf, die Menschen, die du ablehnst, in der Gegenwart zu sehen. Selbst wenn du heute mit jemandem Zeit verbringst, den du nicht magst, lasse jeden Moment los, sobald er vorüber ist, und schaue nur auf die Gegenwart. Groll bezieht sich immer nur auf die Vergangenheit, niemals auf die Gegenwart.

Was stört dich an dem Menschen, mit dem du nicht zurechtkommst? Wer aus deiner Vergangenheit hat sich so verhalten wie er? Wärest du dir für dasselbe Verhalten böse? Wenn die Antwort ‚nein' lautet, hast du alle vom Tadel-Schuld-Zyklus befreit, der das Problem geschaffen hat.

Wenn du den Groll nicht loslassen kannst, frage dich, ob du dich jemals in dieser Weise verhalten hast. Frage dich, was du empfunden haben mußt, um so zu handeln. Würdest du dich für dieses Verhalten tadeln, jetzt, wo du weißt, wie es entstanden ist?

Wenn du niemals so gehandelt hast, frage dich, was du empfinden müßtest, um auf diese Weise zu handeln. Welches Gefühl auch immer dich zu einem solchen Verhalten bringen würde, es ist wahrscheinlich ein Gefühl, das du von früher kennst. Kannst du erkennen, was der Mensch empfinden muß, mit dem du nicht zurechtkommst? Du kennst dieses Gefühl und weißt, wie schwer es zu ertragen ist. Du verstehst dieses Gefühl. Kannst du dafür einem anderen Menschen böse sein?

Weg 4
Wir benutzen die Menschen, die wir ablehnen, um den nächsten Schritt zu vermeiden

*J*n jedem Machtkampf haben beide Seiten in Wirklichkeit Angst, einen Schritt vorwärts zu gehen, und darum kämpfen sie dafür, ihren Willen durchzusetzen. Jeder kämpft darum, die Kontrolle zu behalten, weil er „weiß", daß sein Weg der bessere ist. Keiner ist bereit, in Erwägung zu ziehen, daß beide Seiten für eine Neuintegration, für eine neue Antwort von entscheidender Bedeutung sind. Selbst wenn unser Gegner in einem Machtkampf eine völlig falsche „Antwort" hat, sollten wir unbedingt daran denken, daß die Energie jener Antwort für unseren Erfolg beim nächsten Schritt entscheidend ist. Und indem wir diesen nächsten Schritt gehen, statt jene, die wir ablehnen, zu seiner Vermeidung zu benutzen, vereinen wir auf natürliche Weise beide Seiten zu einer neuen erfolgreichen Ebene.

Wir geraten mit anderen Menschen in Konflikt, wenn wir versuchen, sie dahin zu bringen, daß sie unsere Bedürfnisse erfüllen und nach unserem Willen handeln. Dadurch entsteht ein Wettbewerb, der wiederum zu Verzögerung führt, weil wir zu glauben beginnen, daß der andere die Quelle unseres Glücks sei. Gewinnen wird zum einzigen Ziel. Doch wenn wir einen Wettbewerb gewinnen, sind wir gezwungen, denjenigen mitzutragen, der verliert. Wir konzentrieren uns darauf, den anderen zu schlagen, statt einen Schritt nach vorne zu machen, dorthin, wo beide gleichermaßen gewinnen könnten.

Eine „Gewinner-Verlierer"-Haltung verursacht Aufschub und Verzögerung. Wo keine „Gewinner-Gewinner"-Einstellung vorhanden ist, entfalten Rückzug, Sabotage oder massives Festhalten ihre Dynamik, wenn auch vielleicht nur auf einer unterbewußten Ebene. Ein Machtkampf verbirgt, daß wir an etwas festhalten, was zwischenmenschliche Nähe und den nächsten Schritt blockiert. Dieses Festhalten kann sich auf eine Person, auf einen alten Traum, auf einen Lebensstil oder auf irgend etwas anderes beziehen, was wir als Quelle unseres Glücks betrachten. Mit einem Wort, es kann sich um alles handeln, was wir nicht loszulassen wagen. Doch Festhalten kann uns niemals zufriedenstellen. Zuallererst erschwert unser Bedürfnis nach Festhalten extrem den Erfolg und macht das Empfangen unmöglich. Und wenn wir doch bekommen, was wir brauchen, fühlen wir uns irgendwie desillusioniert. Es ist nicht genug, um uns lange Zeit zufriedenzustellen. Dann suchen wir entweder etwas Neues, an dem wir festhalten können, oder wir fühlen uns niedergeschlagen und enttäuscht. Wenn wir loslassen, woran wir festhalten, gelangen wir ganz natürlich auf eine neue Ebene des Empfangens und des Erfolgs.

Wenn wir Angst haben und uns der Mut fehlt, wenn wir nicht genug Vertrauen haben, um den nächsten Schritt zu bejahen, wie immer er aussehen mag, dann ist es praktisch, eine Entschuldigung zu haben, die dafür sorgt, daß uns niemand tadeln kann, wenn wir uns nicht auf eine neue Ebene der persönlichen Reife begeben. Da wir in einer schrecklichen Zwangslage mit dieser „unausstehlichen" Person gefangen sind, brauchen wir uns unseren Ängsten nicht zu stellen. Wenn wir uns unsere Ängste anschauen und vertrauensvoll den nächsten Schritt bejahen würden, selbst wenn wir nicht wissen, worin dieser nächste Schritt besteht oder was er uns bringt, würden wir uns in eine neue Phase der Partnerschaft und Reife für alle Beteiligten begeben und auf eine neue Ebene des Erfolgs für alle Betroffenen.

Übung

Frage dich heute, woran du festhältst – was zu diesem Konflikt geführt hat –, und warte, was dir in den Sinn kommt. Wenn dir nichts einfällt, liegt es daran, daß es sich um etwas so Offensichtliches handelt, daß du es gar nicht erst in Betracht ziehst, oder daß die Abwehr zu stark ist, um es wahrnehmen zu können. Verweile eine Zeitlang bei diesem Thema und beobachte, was auftaucht.

Die Dinge, an denen wir festhalten, spiegeln uns eine falsche Pracht vor, die uns blind macht für das, was uns wirklich glücklich machen würde. Es sind immer äußere Dinge, die wir als Krücke benutzen, um unsere Bedürfnisse erfüllt zu bekommen. Erfüllung entsteht jedoch aus dem, was du gibst und empfängst, nicht aus dem, was du nimmst oder bekommst. Überprüfe heute, ob dein Festhalten dich wirklich glücklich macht.

Sei bereit, einen Menschen, mit dem du nicht zurechtkommst, nicht länger als Entschuldigung oder Grund zu benutzen, um den nächsten Schritt zu vermeiden. Sei bereit, deine Angst vor dem nächsten Schritt in Richtung größerer Nähe nicht zu verstecken. Entscheide dich für den nächsten Schritt. Sage ja zum nächsten Schritt und erwarte die neue Ebene, die zu dir kommen wird. Sie wird für dich und alle Beteiligten besser sein.

Wenn dir bewußt ist, woran du festhältst, sei bereit, es loszulassen, um vorwärtszugehen.

Weg 5
Vergib, um dieses Problem zu heilen

Viele Menschen haben Angst zu vergeben, weil sie Vergebung damit verbinden, Opfer zu sein oder zu werden. Wir haben Angst, daß unser Nachgeben und Verzeihen dazu führen könnte, daß der Mensch, mit dem wir in Konflikt sind, sich weiterhin so verhält wie bisher. Doch Vergebung hat nichts mit Nachgeben zu tun. Es ist Vergebung, die unsere Wahrnehmung und Erfahrung verändert; sie verändert genau das Muster, das dem Problem zugrunde liegt. Vergebung hat nichts mit Aufopferung zu tun; sie ist gleichbedeutend mit Verwandlung und Frieden.

Was du den Menschen vorhältst, die du ablehnst, sind Urteile und Vorwürfe. Doch nur die Schuldigen tadeln andere. Die Unschuldigen sehen nichts Verurteilenswertes. Wenn wir uns schuldig fühlen, versuchen wir Leiden zu vermeiden. Wir unterdrücken das Gefühl und projizieren es nach außen auf einen anderen Menschen. Unsere Vorwürfe und unsere Projektionen auf andere bieten uns Zugang zu Konfliktbereichen in unserem Inneren, die uns in irgendeiner Weise blockiert haben. Wir können in unserem Leben sehr hart arbeiten, um diese vergrabenen, unterbewußten Elemente zu verbergen, die wie eine unsichtbare Barriere wirken und uns zurückhalten. Doch die ganze harte Kompensations-Arbeit, mit der wir unsere Schuldgefühle verbergen, bleibt ohne Lohn. Nur Geben läßt uns empfangen. Jede Kompensationshandlung, die beweisen soll, daß du ein guter Mensch bist, bleibt unbelohnt.

Wenn wir anderen vergeben, löst dies unsere vergrabenen Schuldgefühle auf. Anstatt also einen Menschen, den du nicht magst, zum Sündenbock zu machen und die Chance auf eine Heilung verborgener Konflikte zu verpassen, entscheide dich heute dafür, etwas zu tun, was euch beide befreit. Wenn du andere weiterhin verurteilst, wirst du ständig wieder mit den Eigenschaften, die du an anderen verabscheust, zu tun haben, und du wirst aus dieser Situation nicht herauskommen. Deine Schuldgefühle, auch wenn sie verborgen sind, werden dich weiterhin bestrafen.

Kampf, Verurteilung und Groll halten uns in genau dem Verhalten fest, das wir hassen. Was immer der Mensch auch tut, mit dem wir nicht zurechtkommen, wir müssen sein Verhalten als einen Hilferuf betrachten. Wenn wir lernen, auf die Bedürfnisse anderer Menschen einzugehen, wachsen unsere Führungsqualitäten und unsere Zuversicht.

Wenn uns etwas quält, macht uns dies auf einen Fehler aufmerksam, den wir in der gegenwärtigen Situation begehen. Es ist ein Zeichen von innerem Widerstand; und anstatt weiter Widerstand zu leisten, können wir die Tatsache, daß es in uns Widerstand gibt, als ein Signal betrachten, daß Vergebung nötig ist. Wenn wir das Verhalten anderer verurteilen, verfangen wir uns in genau dem Verhalten, das wir verurteilen, oder wir werden dadurch in einer entgegengesetzten Rolle festgehalten, die letztlich nur der Kompensation dient. Um es noch einmal zu sagen: Solche Rollen erlauben uns kein Empfangen und verstärken daher das Gefühle der Leere und des Ausgebranntseins.

Vergebung schützt unsere Rechte und unsere Freiheit, während sie gleichzeitig die Illusion unterbewußter Schuld auflöst. Vergebung verwandelt eine Situation, indem sie die Wahrnehmung der Situation verändert. Vergebung stellt die Unschuld eines jeden Menschen wieder her, auch unsere eigene.

Übung

Schreibe drei Dinge auf, die du einem anderen Menschen vorwirfst. Frage dich jedesmal: Würde ich mir selbst diesen Vorwurf machen? Wenn die Antwort nein lautet, seid ihr beide befreit. Wenn die Antwort ja lautet, dann mache dir bewußt, daß du das, was du dem anderen vorwirfst, auch dir selbst und den Menschen, die du liebst, vorwirfst. Möchtest du mit diesem Wissen die Frage vielleicht neu beantworten?

Übergib die Vergebung dem Teil deines Geistes, der alle Antworten bereithält – deinem Höheren Bewußtsein. Jedesmal, wenn du an einen Menschen denkst, den du nicht magst, sei dir bewußt, daß Vergebung für dich vollzogen wird. Freue dich an den Ergebnissen.

Wenn Vergebung für dich ein extrem schwieriges Thema ist, kannst du die Kraft des Himmels einsetzen, damit es dir gelingt. Sage bei jedem Vorwurf: „Ich vergebe dir und mir durch Gottes Liebe."

Weg 6
Im Leben geht es um Glücklichsein und Heilung

Im Leben geht es um Glücklichsein und Freude. Aber das Glück ist so flüchtig wie ein Schmetterling, und wenn wir ihm nachjagen, vertreiben wir es. Wenn wir still sitzen oder unserem wahren Lebensziel folgen, kann das Glück auf natürliche Weise zu uns kommen. Glücklichsein entsteht aus Liebe und Kreativität. Es kommt aus der Erfüllung, die wir verspüren, wenn wir unsere persönliche Lebensaufgabe leben und unseren Teil zur Evolution der Welt beitragen. Wenn wir nicht glücklich sind, können wir die Abwesenheit von Glück als einen Hinweis darauf betrachten, daß es noch etwas gibt, was wir heilen, lernen oder verändern sollen. Heilen, Lernen und Veränderung schaffen die nötigen Voraussetzungen für unser Glücklichsein.

Wir wollen noch einmal einen Blick auf unsere schlechten Beziehungen werfen. Wenn wir in einer bestimmten Situation mit einem anderen Menschen nicht glücklich sind, sind wir möglicherweise in einem chronisch schmerzhaften Muster gefangen. Wenn wir Groll hegen, ist dies in der Regel Teil eines Musters, das mit einem Menschen aus unserer Kindheit oder in unserer Ursprungsfamilie seinen Anfang nahm. Was wir jetzt erleben, hat vor langer Zeit begonnen, und die Intensität des Konflikts erlaubt Rückschlüsse darauf, wie lange dieses Muster uns schon begleitet. Wenn wir dem Mitglied unserer Ursprungsfamilie vergeben, erleichtert dies die Vergebung und Heilung in der Gegenwart. In den meisten Fällen haben wir einem Familienmitglied für etwas, was es unserer Meinung nach unterlassen bzw. getan hat, nicht verziehen.

Es ist wichtig, diesen Umstand aus einem anderen Blickwinkel zu betrachten. Was der andere nicht getan oder uns nicht gegeben hat, ist ein wichtiger Hinweis auf etwas, was wir hätten geben sollen – ein Geschenk (siehe Glossar). Hätten wir das Geschenk gegeben, gäbe es keinen Groll und keine Situation, die Vergebung erfordert. Wir hätten in jener Situation ein Problem erkannt, für das wir ein Geschenk (die Antwort) besäßen, und da uns dies nicht gelang, machten wir uns

Vorwürfe und gingen in dem Versuch, die Angelegenheit zu verbessern, in die Aufopferung hinein. So entstand die erste Verteidigungslinie, eindeutig dazu bestimmt, unsere Schuldgefühle zu verdecken, in denen unser ursprünglicher Irrtum bestand.

Statt daß wir in der Lage sind, eine Situation durch das Geben unseres Geschenks zu verwandeln, „erwischen" wir letzten Endes immer wieder dasselbe Problem-Muster, und dadurch entstehen in der Gegenwart immer wieder neue Schuldgefühle, mangelndes Selbstwertgefühl und Gefühle der Wertlosigkeit. Diese Gefühle mögen unterbewußt sein, doch die Tatsache, daß wir kontinuierlich Groll hegen, ist Beweis genug für ihre Existenz.

Diese Gefühle der Wertlosigkeit zwingen uns zum „Tun", zu ständiger Geschäftigkeit und harter Arbeit, um auf diese Weise zu verbergen und zu kompensieren, denn Wertlosigkeitsgefühle lassen uns in letzter Konsequenz den Tod herbeisehnen. Dennoch kann diese Situation einfach aufgelöst werden, indem wir darum bitten, von unserem Höheren Bewußtsein zurück in unsere Mitte getragen zu werden, und indem wir dann erlauben, daß die Gnade des Geschenks gegeben wird, das wir zu geben gekommen sind. Es ist unsere Familienfalle, die sich in eine Verschwörung gegen uns selbst verwandelt hat und so Beziehungs- und Opfer-Probleme erzeugt.

Sowohl durch Schuldgefühle als auch durch Vorwürfe übersteigern wir unsere eigene Bedeutung, womit wir das Gefühl der Wertlosigkeit kompensieren. Wenn wir in unserer Mitte sind und unser Höheres Bewußtsein aus unserem Inneren heraus arbeiten lassen, stellt dies unseren Wert wieder her und erlaubt der Kreativität zu fließen. Wenn wir versuchen, Kreativität zu erzwingen, schwindet sie dahin oder wird unterdrückt. Im Kreativ-Sein kann die Kreativität durch uns hindurchfließen und bereitet uns Freude. Sowohl Schuldgefühle als auch Vorwürfe widmen der eigenen Person eine ungesunde kompensatorische Aufmerksamkeit, die jenes Gefühl der Leichtigkeit verhindert, das zu den Haupteigenschaften von Glücklichsein und Frieden gehört. Unser Ego möchte uns im Selbstdarstellungsvideo immer von der besten Seite sehen, als Einzelkämpfer in einem nahezu aussichtslosen Kampf.

Jedes Anzeichen von Schwierigkeiten in unserem Leben ist ein Hinweis darauf, daß wir etwas zu erzwingen und zu erreichen versuchen, daß unser Ego nach Anerkennung und ihm nicht gebührender

Aufmerksamkeit sucht. Erzwingen-Wollen, Geschäftigkeit und Schwierigkeiten sind allesamt Zeichen für verborgene Schuldgefühle und für positives Handeln ohne rechten Lohn, wodurch Versagensgefühle verborgen werden sollen. Diese Dinge zeigen uns, daß wir verborgene Schuldgefühle haben und diese zu kompensieren suchen, was bedeutet, daß wir für all die Arbeit keinen Lohn empfangen. Das einzige Resultat ist Aufmerksamkeit für unsere Person, die ein Hinweis auf verborgene Schuldgefühle und defensives Kompensationsverhalten ist. Wenn wir einem Menschen Vorwürfe machen, sind wir aufgrund der Verurteilung in der Opferrolle gefangen. Was wir verurteilen, das bleibt bei uns, als ob es tatsächlich wahr wäre. Wir handeln rechtschaffen, fühlen uns aber eingeengt und in eine negative Situation hineingezwungen. Das verschafft uns auch den falschen Glanz, die ungebührliche Aufmerksamkeit und die Ichbezogenheit des Opfers, es macht uns unfähig, unsere Rolle in diesem Spiel zu erkennen, und es bereitet uns die Schuldgefühle, die infolgedessen weiterhin verborgen und unbereinigt bleiben. Wenn wir an Vorwürfen festhalten, bleiben wir in Schuldgefühlen gefangen, was uns vom Vorwärtsgehen abhält und uns immer neue Wege der Selbstbestrafung finden läßt.

Die nächstwichtige Dynamik, die es nun zu untersuchen gilt, ist die Angst vor dem Vorwärtsgehen, welche von diesen mehr oder weniger verborgenen Schuldgefühlen gefördert wird. Wenn wir uns selbst und anderen vergeben, so kommen wir ganz natürlich einen Schritt voran. Schuldgefühle und Vorwürfe fördern hingegen die Stagnation – das Steckenbleiben in einer Situation, in der wir nicht glücklich sind und es niemals sein können. Schuldgefühle und Vorwürfe haben unter anderem den Zweck, unser Vorwärtsgehen und die Auseinandersetzung mit dem, was uns Angst macht, zu verhindern.

Angst vor der Zukunft ist ein weiterer Weg, sich selbst übermäßig wichtig zu nehmen. Übersteigerte Beschäftigung mit der eigenen Person fördert einen falschen Glanz, wobei es sich um etwas handelt, was glitzert, aber nicht Gold ist, und was sich entweder in Form einer übersteigerten Persönlichkeit oder in Form von Enttäuschung und Schamgefühlen zeigt. Jeder Bereich, in dem wir keinen Erfolg haben, ist ein Bereich, in dem es uns in Wirklichkeit gelingt, einige Pläne unseres Unterbewußtseins zu erfüllen, welche uns wichtiger sind als unser Erfolg. Diese anderen Pläne sollen die Vergangenheit kompensieren und sind versteckte Formen von Bekommen statt Empfangen und Gelingen.

Falscher Glanz, bei dem es sich um das irrige Bedürfnis handelt, im Rampenlicht zu stehen, birgt einen Ort zukünftiger Enttäuschung in sich, da er auf Vergleich beruht, was früher oder später zu Schamgefühlen und Schmerz führt. Glücklichsein und Kreativität richten keine ungebührliche Aufmerksamkeit auf die eigene Person, sondern erlauben, daß sich alles im richtigen Verhältnis befindet. Unsere persönliche Lebensaufgabe erlaubt uns, unsere Rolle im Weltplan zu erkennen, so daß wir uns ohne die unangemessene Selbstbetonung, welche nur Schmerzen nach sich zieht, als Teil des Ganzen, als einen Faden im Gewebe sehen können. Falscher Glanz ist ein fehlgeleiteter Versuch, Schmerzen und Bedürfnisse aus der Vergangenheit dadurch zu kompensieren, daß man die Aufmerksamkeit anderer auf sich zieht. Das führt zu einem Selbst-Verständnis, welches das Gegenteil von Führungseigenschaften, von Fließen, Spontaneität und Freude ist.

Wenn wir Angst vor dem Weitergehen haben, so liegt dies schließlich auch daran, daß wir Angst haben, etwas zu verlieren, an dem wir festhalten. Daher liegt hinter jeder Meinungsverschiedenheit mit anderen auch etwas Begehrenswertes, an dem wir festhalten und aus dem wir womöglich schon längst herausgewachsen sind. Unsere Meinungsverschiedenheiten verbergen ein Festhalten an etwas, von dem wir glaubten, daß es uns glücklich machen würde, obwohl es dies nicht getan hat; infolgedessen befinden wir uns fast kontinuierlich im Zustand der Aufopferung.

In den meisten Fällen handelt es sich bei diesen selbstsüchtigen Begierden, bei diesem „Etwas", an das wir uns klammern, um äußere Dinge – um etwas, von dem wir glauben, daß es uns glücklich machen wird, wenn wir es nur endlich erreichen. Von diesen Dingen glauben wir, daß sie uns emotionale Rettung bringen und uns glücklich machen werden. Dieses „Etwas" wird zu einer Art Idol, und wenn es uns auch gelingen mag, vorübergehend ein wenig flüchtiges Glück zu erhaschen, wird am Ende nichts als Enttäuschung bleiben. Denn in Wirklichkeit kommt wahres Glück nur von innen. Bei den Dingen, an denen wir festhalten, kann es sich um Beziehungen, um Erfolg im Beruf, um finanziellen Erfolg oder auch um weniger Greifbares handeln. Woher diese Dinge auch kommen mögen, sie werden kein Glück bringen; andererseits lassen sich all diese Dinge ganz natürlich und leicht erreichen, wenn wir glücklich sind.

Heute ist es an der Zeit, aufrichtig zu prüfen, ob es etwas gibt, woran wir festhalten, denn das hält uns vom Weitergehen ab.

Jeder Schritt nach vorne macht es möglich, daß ein paar kleine Persönlichkeiten in uns dahinschmelzen und unsere Liebe und Kreativität hindurchscheinen kann. Es ist in Wahrheit die Liebe und die Schöpferkraft des Himmels, die durch uns hindurchscheint und die uns und unsere Mitmenschen begnadet. Wenn wir in unserem Handeln nur auf uns selbst und unsere eigene Person bedacht sind, werden unsere Handlungen von unseren inneren Persönlichkeiten ausgeführt, bei denen es sich um Selbstkonzepte handelt, die dann aufgetaucht sind, als wir unsere Verbundenheit verloren haben. In diesem Fall werden wir niemals wahrhaft empfangen, sondern immer nur unserer Selbstsucht frönen. Diese Selbstsucht ist nur ein Teil des Teufelskreises von Selbstsucht und Aufopferung. Nähren wir einen Teil, so verlangt der andere ebenfalls nach Nahrung.

Übung

Betrachte dir heute die Situation noch einmal. Was ist erforderlich? Vergebung? Zurück in deine Mitte zu gehen? Den nächsten Schritt zu unternehmen? Loszulassen?

Was immer es sein mag, es ist nichts, was du tun mußt. Tausche nicht ein Problem gegen das nächste ein. Bitte dein Höheres Bewußtsein zu vollenden, was getan werden muß. Tue das, was du zu tun inspiriert bist oder geführt wirst. Lege dir keine Steine in den Weg, indem du dich selbst positiv oder negativ überbewertest. Wenn du dir nicht selbst im Weg stehst, wird das Glück zu dir kommen.

Weg 7
Unser Zorn ist eine Form von Kontrolle

Zorn ist eine Form von Kontrolle. Er ist ein Versuch, andere dazu zu zwingen, so zu handeln, wie wir es wollen, und unsere Bedürfnisse in der jeweiligen Situation dadurch zu erfüllen, daß sie unseren Vorstellungen entsprechend handeln. Das verleiht uns ein sicheres und beruhigendes Gefühl.

Zorn ist eine Form von Angriff, die wir für gerechtfertigt halten, weil ein anderer Mensch uns zuerst angegriffen hat – indem er etwas Bestimmtes getan oder unterlassen hat. Als Reaktion darauf fühlen wir uns ebenfalls zum Angriff berechtigt. Doch Zorn ist ein Verteidigungsverhalten, das tieferliegende Gefühle wie Schuld, Verletzung, Angst oder Trauer verbirgt, mit denen wir uns nicht befassen wollen. Zorn hält den Machtkampf in einer Situation aufrecht und dient der Vermeidung dessen, was die Situation auflösen würde.

Unser Zorn bringt zum Ausdruck, daß wir mit unserem Fühlen und Handeln vollkommen im Recht sind, weil ja schließlich ein anderer Mensch an unseren Gefühlen schuld ist. Diese Form von Unreife blockiert die Fähigkeit, zuzuhören, zu lernen, zu empfangen und sich zu verändern.

Unser Zorn kann sich in unterschiedlichen Erscheinungsformen zeigen. Er kann sich als direkter Angriff, als passive Aggression, als Rückzug, als Sich-Beschweren oder Leiden äußern. All diese Formen sind ein Versuch, die Kontrolle zu erlangen, und tragen in keiner Weise dazu bei, daß aus der bestehenden Situation etwas gelernt werden und Veränderung geschehen kann. Selbst wenn es deinem Zorn gelingt, die Kontrolle zu bekommen, wird dadurch nur eine wertvolle Lektion aufgeschoben, die gelernt werden will und muß. Das Aufschieben einer Lektion läßt sie zu einem späteren Zeitpunkt zu einer Prüfung werden, während größere Zuversicht entsteht, wenn die Lektion jetzt gelernt wird. Mangelnde Zuversicht führt zu Kontrolle und Zorn in seinen vielfältigen Erscheinungsformen.

Hinter Zorn verbirgt sich immer auch eine gewisse Verlustangst, wodurch wir uns wiederum in unserem Angriffsverhalten gerechtfertigt fühlen. Zorn verbirgt auch ein Bedürfnis, an dem wir festhalten und das wir befriedigt haben wollen. Wir würden lieber kämpfen, als diesen verborgenen Gegenstand unseres Festhaltens aufzugeben, von dem wir glauben, daß er uns glücklich machen wird. Doch Festhalten zieht nur Schmerz und Enttäuschung nach sich, und es besitzt die Kraft, die Wahrheit zu untergraben. Unser Festhalten verbirgt ein Bedürfnis, das zu nehmen versucht, aber nicht empfangen kann. Häufig gelangen wir dadurch in Situationen, wo wir verletzt werden, weil wir nur geben, um zu nehmen. Diese Form von Vampirismus führt dazu, daß andere Menschen uns zurückweisen, was dann wiederum Verletzung und Zorn hervorruft.

Unser Zorn erlaubt uns nicht, einen Schritt vorwärtszugehen, weil wir auf dem Weg der Kontrollausübung versuchen, äußere Situationen zu verändern. Diese Methode wird niemals wirklich effektiv sein, ganz gleich, wie gut wir die Kunst der Kontrolle gemeistert haben. Wenn wir beispielsweise das Kontrollspiel mit einem bestimmten Partner gewonnen haben, hat sein Verlieren dazu geführt, daß er für uns unattraktiv wurde, was natürlich für uns ein Verlust ist.

Um die Welt um uns herum entscheidend und wahrhaft zu verändern, müssen wir unser Denken verändern. Geschieht dies auf einer unterbewußten Ebene, so kann eine bestimmte Person oder Situation sich verändern, ohne daß wir das Bedürfnis nach Kontrolle oder Beherrschung haben.

Kontrolle bedeutet, daß wir glauben, die alleinige Antwort auf die Frage zu besitzen, was „am besten" sei. Und Zorn bedeutet, daß wir die Antwort zu kennen glauben. Bestenfalls heißt dieser Standpunkt, daß man falsch informiert ist, schlimmstenfalls ist er lächerlich. Wir brauchen nur auf unser eigenen „Rekorde" in der Disziplin des Glücklichseins zu schauen, um zu erkennen, wie wenig wir darüber wissen, was wirklich gut für uns ist.

Unsere Fähigkeit, das gesamte Bild zu sehen, ist beschränkt, vor allem wenn es um uns selbst geht. Selbst visionäre Menschen sehen nur einen Ausschnitt des Ganzen. Doch es gibt einen Teil in unserem Geist, der, wenn er nicht durch unsere Persönlichkeiten und Bedürfnisse eingeschränkt ist, uns mit Antworten inspirieren und die Situation weit über unser normales Denken hinaus entfalten kann.

Übung

Sei heute willens zu erkennen, daß dein Zorn einfach nicht funktioniert. Mache einen Schritt in Richtung Reife, in Richtung des Erkennens, daß Zorn niemals und daß Verzeihung immer gerechtfertigt ist.

Stelle dir vor, wie du die Entscheidung triffst, einen Schritt nach vorne zu gehen, dorthin, wo sowohl deine eigenen als auch die Bedürfnisse anderer Menschen auf ganz neue Weise erfüllt werden können. Stelle dir vor, wie du dich auf eine ganz neue Ebene des Erfolgs begibst. Spüre die Zuversicht, die mit dem Schritt auf eine neue Ebene einhergeht. Niemand von uns weiß, wie dieser Schritt aussieht, bis wir ihn gehen, doch wenn wir vorangehen, wird immer alles besser.

Du kannst den Menschen, mit dem du nicht zurechtkommst, als Maßstab dafür verwenden, wieviel Heilung noch in dir nötig ist, anstatt ihn als Entschuldigung zum Kämpfen zu benutzen, damit du nicht voranzugehen brauchst. Selbst wenn der Mensch, mit dem du nicht klarkommst, dumm und böswillig handelt, hält dich dein Zorn auf seiner Ebene und Realität gefangen und versperrt dir die Chance, zu wachsen und zu lernen. Dein Zorn ist eine Reaktion, die dich gefangenhält. Statt dessen kannst du eine aufgeschlossene und entgegenkommende Haltung einnehmen, während du ein innerlich reines und liebevolles Wesen entwickelst, das stets den Kern deiner kontinuierlichen Entwicklung, deines beständigen Glücks und deiner fortwährenden Freude ausmacht.

Weg 8
Unser Zorn verbirgt tiefere Gefühle

Zorn ist ein defensives Gefühl, das den Zweck hat, tieferliegende Gefühle wie Verletztheit, Schuld, Leere, Furcht, Unsicherheit und Frustration zu verbergen. Der Zorn entschwindet, wenn wir uns erlauben, die tieferen Gefühle zu verstehen und zu fühlen, anstatt andere anzugreifen oder uns zurückzuziehen. Wenn wir uns selbst kennenlernen wollen, können wir uns für eine Haltung entscheiden, die dazu bereit ist, unsere ursächlichen Emotionen bewußt zu spüren und aufzulösen.

Die in uns begrabenen Emotionen kennen und verstehen zu wollen schließt einen Schritt in Richtung Integrität ein. Wir haben unsere Emotionen viele Jahre lang mit uns herumgetragen, haben viel Energie auf sie verwendet und sie nicht immer unter Kontrolle gehalten. Sie führen uns immer wieder in Situationen, wo sie von neuem aufgewühlt werden, um endlich aufgelöst zu werden. Dann müssen wir eine wichtige Entscheidung treffen. Entweder wir nutzen die Situation als Chance, um zu lernen und zu heilen, und sind somit offen für noch größere Lernschritte und Erfolge, oder wir benutzen unsere Gefühle als Rechtfertigung, um andere anzugreifen. Nur wer sich selbst Vorwürfe macht, klagt oder greift andere an. Wer geheilt und frei von Schuld ist, braucht sein Lernen und sein Wachstum nicht auf diese Weise zu behindern.

Wenn wir beginnen, die Emotionen in unserem Innern zu entdecken, beginnen wir auch unsere selbstzerstörerischen Muster zu entdecken. Wenn wir unsere selbstzerstörerischen Muster entdecken, finden wir unsere Selbstkonzepte. Selbstkonzepte können entweder positiv oder negativ sein.

Positive Selbstkonzepte kompensieren unsere negativen Selbstwertgefühle. Sie versuchen zu beweisen, daß wir wirklich gute Menschen sind. Doch in dem Maße, wie wir damit beschäftigt sind, unsere guten Eigenschaften zu beweisen, sind unsere negativen Selbstkonzepte am Werk. Denn was wir zu beweisen suchen, glauben wir selbst nicht so ganz.

Unsere negativen Selbstkonzepte versuchen ebenfalls etwas zu beweisen. Sie wollen beweisen, daß wir in Wahrheit keine guten Menschen sind, daß wir keine Kraft und Macht besitzen oder keine Kinder Gottes sind. Sie verteidigen unseren Glauben an unsere eigene Schuld und Schlechtigkeit. Sie dienen auf einer sehr tiefen Ebene ebenfalls als Kompensation (siehe Glossar), welche unser wahres Gutsein und unsere Ganzheit verbirgt. Wenn Menschen darauf aus sind, zu beweisen, wie schlecht sie sind, liegt es daran, daß sie Angst vor der Verantwortung haben, ein wahrhaft guter Mensch zu sein. Oder sie haben Angst davor, kraft- und machtvoll zu sein und alles haben zu können, oder sie haben sogar Angst zuzugeben, daß sie Kinder Gottes sind.

Jede Kompensation ist ein Verteidigungsverhalten, das keinen Lohn und kein Empfangen erlaubt. Jede negative Überzeugung und alle Schuldgefühle rufen nach Selbstbestrafung, die manchmal als Angriff von außen erlebt wird. Doch niemand kann uns angreifen, es sei denn, wir haben Schuldgefühle und suchen sie durch den Angriff von außen zu überdecken.

Wann immer wir in dem Versuch, Schuld abzuzahlen, von äußeren Kräften angegriffen oder zum Opfer gemacht werden, fühlen wir uns schlecht dabei (was eine Umschreibung von Schuldgefühlen ist). So führt genau das Mittel, das wir benutzen, um unsere Schuld abzuzahlen, dazu, daß sie noch größer wird. Verteidigungsstrategien funktionieren nicht, und darum ist es wichtig, unsere verborgenen Emotionen zu finden und Verantwortung für sie zu übernehmen, damit wir sie heilen können.

Der Mensch, mit dem wir nicht zurechtkommen, könnte genau der Mensch sein, der uns helfen kann, diese schmerzlichen und selbstzerstörerischen Einstellungs-Muster und Emotionen zu finden, sofern wir uns dafür entscheiden, uns nicht in reaktiven, selbstgerechten Verhaltensmustern zu verfangen. Doch um es noch einmal zu sagen: Das Ausmaß unserer Selbstgerechtigkeit entspricht dem Maß, in dem wir unsere Schuldgefühle verbergen. Aus welchem anderen Grund sollten wir sonst so rechthaberisch handeln? Hinter einem positiven Selbstkonzept, vor allem wenn es sich um eine Rolle handelt, verbirgt sich ein negatives Selbstkonzept, während ein negatives Selbstkonzept verbirgt, daß wir wahrhaft gut sind.

Übung

Nimm heute alle Erscheinungsformen des Zorns bewußt wahr: Aggression, Rückzug, passive Aggression, Leiden und jede Form von Opfertum. Sei bereit, alle Gefühle bewußt wahrzunehmen, die unter dem Zorn liegen. Frage dich, wie alt diese Gefühle sind und wie alt du warst, als diese Gefühle erstmals auftraten. Frage dich, welches Muster bzw. welches Kompensationsverhalten es im Zusammenhang mit diesen Gefühlen in dir gibt. Frage dich, welche (positiven oder negativen) Selbstkonzepte du hast, die von diesen Emotionen unterstützt werden. Triff neue Entscheidungen in bezug auf diese Selbstkonzepte, und lasse dich dabei von der Wahrheit führen.

Vielleicht möchtest du diese Übung anhand folgender Tabelle schriftlich machen, damit die Dinge für dich klarer werden.

Form von positivem Zorn?	Verborgene Gefühle?	Wie alt?	Welches Muster bzw. welches Kompensationsverhalten?	Welche Selbstkonzepte?	Welche Aspekte verbergen diese Gefühle?

Weg 9
Kommunikation – die Brücke zur Heilung

*D*a Kommunikation zu Vergebung führt, stellt sie das Herz der Heilung dar. Etwa fünfundachtzig Prozent aller Konflikte scheinen dadurch geheilt werden zu können, daß wir unsere Empfindungen – mit anderen Worten: unsere Absichten und Ziele in der betreffenden Situation – klarstellen. Die übrigen fünfzehn Prozent betreffen Bereiche chronischer Konflikte für beide Parteien, die nun an die Oberfläche gelangt sind, um geheilt zu werden. Wenn wir für unseren Weg kämpfen, sei es offen oder verdeckt, so dient dies weder unsere Reife, noch bringt es irgendeinen Fortschritt. Es ist zwar wichtig, daß wir uns nicht überrollen lassen, doch Kämpfen deutet auf eine geschwächte, ängstliche und unreife Position hin.

Kommunikation bildet die Brücke zwischen zwei Parteien, auf der beide Partner in einer reifen und mehr integrierten Weise gewinnen können. Der erste Aspekt jeder Kommunikation besteht in der Bereitschaft, ein Ziel zu setzen, bei dem beide Parteien gewinnen können, und nicht aufzugeben, bevor nicht beide Partner dieses kraftspendende Ziel erreicht haben. Solange einer der Beteiligten das Gefühl hat, ein Opfer bringen oder einen Kompromiß eingehen zu müssen (was darauf hindeutet, daß die Kommunikation nicht zu einer Lösung geführt hat), wird mindestens eine der Parteien früher oder später das Gefühl bekommen, verloren zu haben, und der Konflikt wird von neuem aufflackern.

Es gibt eine Reihe von Richtlinien für eine effektive Kommunikation. Die erste besteht darin, daß man sein Unterscheidungsvermögen einsetzt, anstatt naiv an die Sache heranzugehen. Es ist wichtig, daß man sich der Sache nicht einfach ergibt und daß man sich in keiner Situation ausnutzen läßt; man muß wachsam sein, wann der andere unsere „Freundlichkeit" auf manipulative Weise gegen uns einsetzt, und man muß aufpassen, ob der andere wie ein Vampir das Gespräch mißbraucht, um uns lediglich Energie zu rauben und für sich zu verwenden. Die meisten Menschen tun dies unbewußt und sind bereit, damit aufzuhören, wenn sie sich dieser subtilen Form des Angriffs bewußt werden. Wenn wir jedoch merken, daß ein Mensch uns gegenüber keine guten Absichten hat, kann es notwendig werden, daß wir uns aus der betreffenden Situation zurückziehen. Wir müssen in unserem Heilungsprozeß und in unserer Bewußtheit einen Schritt nach vorne machen, und das kann bedeuten, daß man den anderen besser losläßt, anstatt sich dem falschen Glanz des Retters hinzugeben (und damit den anderen in seinem Verhalten zu unterstützen) oder gar sich selbst aufzugeben und als Opfer benutzen zu lassen.

Wir können anhand ganz klarer Fragen herausfinden, wir erfolgreich wir in unserem Heilungsprozeß sind. Wie sehr hat sich zum Beispiel die Beziehung verbessert? Fühlen wir uns in Gegenwart des anderen jetzt freier? Weniger belastet? Inwieweit hat sich unser Gefühl dem anderen und uns selbst gegenüber in seiner Gegenwart verbessert?

Es ist wichtig, daß wir uns nicht im Namen der Heilung mißbrauchen lassen. Auf der anderen Seiten können wir jedoch klar unterscheiden, worüber wir im Namen der Heilung und Reife von unserer Seite aus hinwegsehen können. Wir müssen prüfen, wie empfindlich wir sind und wie schnell wir uns angegriffen fühlen. Wir können neue Entscheidungen in bezug auf unser Verhalten treffen und neue Ziele für uns und unsere Beziehungen setzen.

Wenn wir erfolgreich sein wollen, ist es als nächstes wichtig, dem anderen unsere Lern- und Veränderungsbereitschaft mitzuteilen (das Ziel unserer Kommunikation ist unsere eigene Veränderung, nicht die des anderen). Unsere eigene Veränderung wird auf natürliche Weise Veränderungen in anderen bewirken. Wenn wir absichtlich versuchen, die anderen zu verändern, so wächst dadurch nur ihr Widerstand, und damit verändert sich auch der Grund, aus dem Veränderung geschieht. Denn wenn wir andere zu Veränderung zwingen oder sie manipulieren, tun wir dies nur, um unseren eigenen Bedürfnissen gerecht zu werden. Wir befinden uns nur dann in einem Konflikt, wenn es etwas zu lernen und zu heilen gibt.

Der nächste Kommunikationsschritt besteht darin, klar zu machen, was nicht funktioniert bzw. was uns stört. Wenn wir erkennen, daß wir uns niemals aus dem Grund aufregen, den wir vermuten, können wir unserem Gesprächspartner Sicherheit und Vertrauen vermitteln. Ziel unserer Kommunikation ist nicht, Schuldgefühle in ihm zu wecken, sondern eine Lösung zu finden. Wenn wir dann zu dem „stehen", was nicht funktioniert, indem wir Verantwortung für unsere eigenen Erfahrungen und Gefühle übernehmen, entsteht in unserem Gesprächspartner auch die Bereitschaft, die Kommunikation jetzt und in Zukunft fortzusetzen. Er versteht dann, daß der Sinn und Zweck des Gesprächs nicht darin liegt, ihm die Schuld zu geben.

Dazu müssen wir anerkennen, daß wir selbst für unser Erleben verantwortlich sind, und dann unsere darunterliegenden Gefühle und Erfahrungen so klar wie möglich dem anderen mitteilen. In einem nächsten Schritt wird uns dann bewußt, daß ein bestimmtes Gefühl bzw. eine bestimmte Situation eigentlich Teil eines Musters ist, das uns schon seit früherer Zeit und von einem früheren Ort aus begleitet. Diese Erkenntnis teilen wir dann ebenfalls wieder der Person mit, mit der wir uns in Konflikt befinden. Wenn wir Schritt für Schritt über das sprechen, was uns in unserem Prozeß bewußt wird, und uns so weit wie möglich auf den emotionalen Inhalt beschränken, werden wir feststellen, daß das Gespräch uns verändert und voranbringt.

Auch unsere Bereitschaft, dem anderen zuzuhören, selbst wenn er nicht nach unseren Regeln spielt, kann viel in Bewegung bringen. Jeder Mensch, der das Gefühl hat, daß man ihm zuhört, wird sehr empfänglich. Was dieses Kommunikationsprinzip erfolgreich macht, selbst dann, wenn unser Gesprächspartner uns angreift, ist unsere Bereitschaft, uns nicht zu verteidigen, unsere Bereitschaft, ein reines Herz zu bewahren. Damit diese Vorgehensweise erfolgreich wird, müssen wir bereit sein, negative und schmerzhafte Gefühle bewußt wahrzunehmen, die vielleicht in uns und in unseren Angreifern auftauchen. Sei dir bewußt, daß diese Gefühle nicht erst jetzt entstanden sind, sondern uns schon seit einiger Zeit begleiten. Durch ihr Auftauchen bieten uns diese Gefühle die Chance, sie zu heilen, indem wir sie einfach so lange durchleben, bis sie sich aufgelöst haben. Das kann unter Umständen sogar ein bis zwei Tage dauern, doch wenn der Prozeß vorbei ist, hat sich diese Schicht des Schmerzes für immer aufgelöst. Wenn wir einem Menschen, der einen Trotzanfall auslebt, mit Liebe begegnen, ist es unwahrscheinlich, daß er noch einmal so handelt.

Es braucht Mut, sich den eigenen Gefühlen zu stellen, um sie zu heilen und sich weiterzuentwickeln, denn niemand will Schmerz spüren. Leider geschieht jedoch ein Großteil unseres Lernens und unserer Entwicklung auf diese Weise. Unsere Lernbereitschaft in solchen Situationen kann uns an einen Punkt bringen, wo wir vor unserem Schmerz nicht mehr zurückschrecken, sondern ihn als Heilungsbarometer betrachten. Mit dieser Haltung werden wir früher oder später den Schmerz nicht mehr als Lehrer brauchen. Mit anderen Worten – das Lernen wird leichter.

Alle Arten von Emotionen wie Schuldgefühle, Angst, Verletztheit, Verlustangst, Bedürftigkeit, Zorn und Frustration können in einem solchen Gespräch ausgelöst werden. Doch wenn wir die Situation dazu benutzen, unsere Gefühle bewußt wahrzunehmen, bis sie verschwunden sind, und sie mitzuteilen, bringt uns dies wieder mit unseren Gefühlen und uns selbst in Verbindung. In dem Maße, wie wir dies tun, wird Partnerschaft und Empfangen möglich, und negative Emotionen können sich letztlich in Freude verwandeln, bis hinein in die höheren geistigen und spirituellen Bereiche. Doch wir können negative Emotionen nicht umgehen. Wir müssen sie heilen oder über sie hinausgehen, um voranzukommen.

Erfolgreiche Beziehungen setzen eine erfolgreiche Kommunikation voraus. Sie ist ein essentieller Faktor im Reife- und Entwicklungsprozeß. Darum sollten wir uns am besten gleich dafür entscheiden, zum Kommunikationsexperten zu werden, denn unser Liebesleben, unsere berufliche Laufbahn und unsere Familien werden davon profitieren.

Übung

Entscheide dich heute dafür, ein Kommunikationsexperte zu werden. Dies wird dir dein ganzes Leben lang eine Hilfe sein. Wende die in diesem Kapitel beschriebenen Kommunikationsprinzipien im Gespräch mit deinen Mitmenschen an. Wenn du magst, kannst du sie dir abschreiben, um sie immer bei dir zu haben.

Wende diese Prinzipien vor allem im Gespräch mit einem Menschen an, den du nicht magst. Lasse ihn wissen, daß dir die Beziehung so wichtig ist, daß du bereit zur Kommunikation bist, um die Beziehung zu verbessern. Erkenne die Bereitschaft des anderen an, mit dir zu arbeiten. Wenn er völlig unkooperativ ist, kannst du einen nahestehenden Menschen bitten, seine Rolle zu übernehmen. Lasse ihn sich „einstimmen" auf den Menschen, den du ablehnst, und bitte ihn, den emo-

tionalen Erfahrungen des Betreffenden dabei besondere Aufmerksamkeit zu widmen.

Während du dir vorstellst, daß der Mensch, den du ablehnst, dir gegenübersteht, teile ihm mit, was für dich nicht stimmt, und übernimm Verantwortung für deine Gefühle. Während du darüber sprichst und das Gefühl an die Oberfläche kommt, nimm es bewußt wahr, und verfolge dieses Gefühl und/oder das Lebensmuster zurück bis zum Zeitpunkt und Ort seiner Entstehung. Wenn kein Muster auftaucht, das Aufschluß darüber gibt, wo dieses schmerzliche Gefühl bzw. dieser schmerzhafte Konflikt begann, übernimm einfach die Verantwortung dafür. Beschreibe, so gut du kannst, die einzelnen Nuancen dieses Gefühls – zum Beispiel, wie es sich anfühlt; wie es dir dabei geht, dieses Gefühl zu empfinden; Gedanken, die das Gefühl begleiten; was das Gefühl mit dir macht etc. Stelle dir vor, deine diesbezüglichen Empfindungen dem Menschen mitzuteilen, mit dem du nicht zurechtkommst. Damit möglichst viel Veränderung geschehen kann, solltest du, während du darüber sprichst, so nahe wie möglich am Kern des Gefühls bleiben, ohne dich in Gedanken oder Geschichten zu verlieren.

Triff vor allem die Entscheidung, einen Schritt vorwärts zu gehen. Nimm dir einen Moment Zeit, in die Stille zu gehen, und du wirst die Führung finden, die du benötigst.

Weg 10
Unsere Klagen verbergen unerledigte Angelegenheiten innerhalb unserer Familie

*S*ämtliche Angelegenheiten, die in unserer Kindheitsfamilie nicht aufgelöst wurden, werden in unseren gegenwärtigen Beziehungen wieder auftauchen. In therapeutischen Kreisen weiß man seit langem, daß Vorgesetzte und Autoritätspersonen eine „ideale Zielscheibe" für unaufgelöste Vater- und Mutter-Konflikte bieten. Zum jetzigen Zeitpunkt in unserem Leben mögen wir dem Elternteil gegenüber, mit dem wir ursprünglich das Problem hatten, vollkommen anders empfinden. Doch solange noch verborgene Werturteile, Schmerzen oder Schuldgefühle vorhanden sind, werden diese in allen möglichen gegenwärtigen Situationen wieder aufsteigen, in denen die Möglichkeit besteht, den alten Schmerz an die Oberfläche zu bringen und bewußt zu machen.

Die Menschen, mit denen wir jetzt nicht zurechtkommen, helfen uns eigentlich, einen unerledigten Konflikt mit einem Familienmitglied aufzuarbeiten. Wenn wir erkennen, daß dem Ganzen ein Muster zugrunde liegt, hilft uns diese Erkenntnis, andere weniger anzugreifen. Dann können wir unsere Aufmerksamkeit wieder zurückbringen zum einzigen Ort, an dem das Problem wirklich geheilt werden kann, nämlich zu uns selbst. Wenn wir für diesen Konflikt in unserem Leben die Verantwortung übernehmen, kann unser Verantwortungsgefühl die Situation verändern.

Selbst wenn uns nicht gleich etwas einfällt, was mit einem Konflikt in unserer Ursprungsfamilie zu tun hat (unterbewußte Dinge kommen nicht immer sofort bereitwillig ins Bewußtsein), müssen wir bereit sein, unser Leben und unsere Beziehungsmuster zu überprüfen. Wecken gegenwärtige Gefühle alte Empfindungen, die wir aus der Vergangenheit kennen?

Die gegenwärtige Situation ist eine ausgezeichnete Gelegenheit, um ein solches Muster zu heilen, um die Verstärkung von bestehenden Mustern zu vermeiden und um vor allem die Entstehung neuer Problemmuster zu verhindern, die dann zu einem späteren Zeitpunkt wieder geklärt werden müßten. Die vorliegende Situation stellt eine ausgezeichnete Chance zur Heilung dar, zur Verringerung von inneren Konflikten und seelischem Streß, und sie ist eine Chance, auf eine neue Bewußtheitsebene zu gelangen.

Übung

Stelle dir vor, daß ein Mensch, den du nicht magst, vor dir steht. Stelle dir vor, daß das, was du siehst, lediglich eine unangenehme Verkleidung ist, und daß der Mensch, mit dem du den ursprünglichen Konflikt ausgetragen hast, hervorkommt, wenn du die Maske abreißt. Strecke nun deine Hand aus und reiße die Maske herunter ... Wen siehst du? Frage diesen Menschen: „Wie kann ich dir helfen?"

Bemühe dich, das Wesentliche seiner Bitte zu erfüllen, zunächst in deiner Vorstellung und dann im Leben, vor allem aus dem Grund, weil es in euer beider Interesse liegt. Im selten auftretenden Fall, wo dir seine Bitte destruktiv erscheint, frage den anderen so lange nach dem Zweck seiner Bitte, bis du zum wirklichen Kern vorgedrungen bist.

Stelle dir die nachfolgenden Fragen, und vertraue dem, was dir „in den Sinn kommt". Du wirst mit dieser Methode nicht unbedingt die genauen Fakten erhalten, doch du wirst zumindest das beteiligte Muster sehen können.

Wenn du wüßtest, wann dieses Problem begann (das sich momentan als Konflikt mit der Person zeigt, mit der du nicht zurechtkommst), dann ist es wahrscheinlich entstanden, als du _____ Jahre alt warst.

Wenn du wüßtest, wer daran beteiligt war, als dieses Problem für dich begann, dann war es vermutlich _____ .

Wenn du wüßtest, welches Ereignis dieses Problem für dich ausgelöst hat, dann war es vermutlich _____ .

Dieses Problem stellt einen Ort dar, an dem du nicht in deiner Mitte bist. Dieses Problem ist ein Ort, wo es dir an innerem Gleichgewicht und Frieden fehlt. Um in deine Mitte zurückzukehren, die ein Ort des Friedens, der Unschuld und der Gnade ist, und um deine Verbundenheit wieder herzustellen, bitte dein Höheres Bewußtsein, dich zurück in deine verlorene Mitte zu tragen, und bitte es auch, alle an der Ursprungssituation Beteiligten zurück in ihre Mitte zu bringen.

Bitte dann dein Höheres Bewußtsein darum, daß Gnade zu allen an der Ursprungssituation Beteiligten fließen kann. Wenn sich die Situation dadurch nicht vollständig in eine Situation des Friedens verwandelt hat, bitte dein Höheres Bewußtsein, dich ein zweites Mal in die Mitte zu tragen – und, wenn nötig, noch öfter.

Diese Zentrierungsübung löst das psychologische Muster auf und mit ihm auch die damit einhergehenden Schuldgefühle, die Wertlosigkeit, die Aufopferung, den Groll und den unerfüllten Zyklus von Bedürftigkeit und Leid, den solch ein Muster darstellt.

Weg 11
Ein Mensch, den wir ablehnen, ist unsere Projektion

*D*iese Lektion ist für all die Menschen besonders wichtig, die ein tiefgehendes Interesse an Wachstum, Veränderung und persönliche Wandlung haben. Bei diesem Prinzip geht es eigentlich um die Bereitwilligkeit, jeden, der uns begegnet, und alles, was geschieht, als Lernsituation zu betrachten. Es erfordert die Bereitschaft, jeden Menschen und jede Situation als Projektion unseres Unterbewußtseins – und manchmal auch unseres unbewußten Geistes – zu betrachten. Da durch diese Haltung die äußere Welt zu einem Spiegel der inneren Welt wird, kann die äußere Welt verändert werden, indem wir unser Inneres verändern.

Wenn wir daran denken, daß jeder Mensch, den wir außerhalb von uns sehen, in Wirklichkeit einen Teil unseres Geistes darstellt, den wir verurteilt, zerstückelt, von uns weggestoßen, vergraben und nach außen projiziert haben, dann können wir sehr viel leichter bereit und willens sein, die nötige Arbeit zu leisten, um diese Teile unserer selbst zurückzugewinnen. Dies können wir durch Integration der fehlenden oder unterdrückten Teile tun.

Viele Menschen haben Angst davor, Teile ihrer selbst zu integrieren, die sie auf andere projiziert haben, weil sie befürchten, dadurch scheinbar negative Elemente aufzunehmen. Doch der Akt der Integration wirkt wie eine Immunisierung oder Impfung gegen weitere Negativität desselben Typs. Durch diese Integration lernen wir die anstehende Lektion und gehen dann weiter zur nächsten Lektion, zur nächsten Projektion, zum nächsten Schritt und zur nächsten Herausforderung.

Es gibt Menschen, mit denen wir nur kurze „Zufalls"-Begegnungen haben. Andere Menschen begleiten uns eine gewisse Zeit, in der wir Lektionen mit ihnen lernen, und irgendwann scheint dann diese Zeit vorüber zu sein (die meisten Beziehungen fallen in diese Kategorie). Dann gibt es noch jene einzigartigen Beziehungen, in denen der andere unserer eigenen Entwicklungsstufe nahe genug steht, so daß es unbegrenzt viele Lektionen des Wachstums gibt, die sich kontinuierlich entfalten. Die Mitglieder unserer Familie sind in der Regel Menschen, mit denen sich unsere Lektionen kontinuierlich entfalten und mit denen wir eine dieser seltenen lebenslangen Lernsituationen erleben dürfen. Die Menschen bleiben in der Regel so lange in einer Beziehung, wie sie können, und wenn es zu einem bestimmten Zeitpunkt nichts mehr zu lernen gibt, dann endet diese Lernsituation. Unsere engsten Beziehungen, vor allem unsere Familienbeziehungen, stellen Teile unserer Seele dar, die wir in diesem Leben zurückgewinnen und integrieren wollen. Sie können langwierige Probleme oder aber Geschenke darstellen, was uns beides gleichermaßen Angst macht; infolgedessen haben wir Urteile gefällt und sie dann auf die Menschen, die uns am nächsten stehen, projiziert. Wir sind nun gekommen, um diese Teile zurückzugewinnen, damit wir die Geschenke mit diesen Menschen teilen können. Was wir verurteilt haben, wird in und für beide Beteiligten etwas Gutes bewirken.

Wir können in unserem Leben viel für uns und die Welt tun, denn wir lernen niemals nur für uns alleine. Es gibt keine Lektion, die wir lernen, die nicht auch die Welt verbessern würde. Wir können für alle Menschen viel tun, indem wir willige und glückliche Lernende werden. Wo Angst und Verurteilung geheilt werden, wo Projektionen zurückgenommen und transformiert werden, so daß andere Menschen um uns herum zu wachsen scheinen, ist dies nicht nur für uns, sondern auch für alle anderen offensichtlich.

Dieser Prozeß beginnt damit, daß wir niemals das Interesse eines anderen Menschen als getrennt von unserem eigenen betrachten. Der Prozeß wird durch Heilungsprinzipien wie Verständnis, Akzeptanz, Geben, Vergeben, Loslassen, Vertrauen, Kommunikation, Integration, persönliches Engagement, Wahrheit, Empfangen, Gnade und Eingehen auf andere unterstützt. Er wird behindert durch Angst, Schuldgefühle, Leiden, Schmerz, Egoismus, Bösartigkeit, Autoritätskonflikte, Kontrolle, Verletztheit, Groll, Bedürftigkeit und all die anderen Dinge, die anscheinend Getrenntheit erzeugen und durch Getrenntheit entstehen.

Übung

Stelle dir vor, daß ein Mensch, den du nicht magst, vor dir steht. Doch anstatt seinen Körper oder seine Persönlichkeit zu sehen, siehst du Millionen und Abermillionen von Lichtpartikeln, die sein Wesen ausmachen. Nimm dieses leuchtende, fühlende Licht bewußt als Essenz dieses Menschen wahr.

Dann sieh dich selbst auf dieselbe Art und Weise.

Als nächstes stelle dir vor, wie sich diese beiden Lichter verbinden. Während sie eine vollkommene Verbindung eingehen, sieh dich selbst, wie du in völlig neuer Weise mit wesentlich mehr Zuversicht daraus hervorgehst. Sieh und spüre dich selbst, wie du die negativen Eigenschaften integriert und somit aufgelöst hast, während du gleichzeitig die vielen positiven Eigenschaften, die mit der Integration einhergehen, betonst und vervielfachst.

Um die Fähigkeit zur Heilung durch die Integration von Projektionen zu schulen, versuche es mit folgendem Bild: Stelle dir vor, die gesamte Welt sei ein Videospiel und dies wiederum ein Spiegel unseres Geistes. In dieser Videospiel-Welt existieren nur wir (es ist ein Ein-Personen-Spiel). In längst vergangenen Urzeiten wurden wir mit einem Fluch belegt, der eine Illusion schuf; eine Illusion, die alles, was eins war, in Milliarden und Abermilliarden getrennte Teilchen zu zersprengen schien. Unsere Mission, wenn wir uns dafür entscheiden, sie anzunehmen, besteht darin, die Welt von diesem Fluch zu befreien und alle scheinbar getrennten Teilchen nacheinander wieder zu einem Ganzen zusammenzufügen. Wie gut bist du bei diesem Spiel?

Weg 12
Unsere Klagen und Beschwerden verbergen unsere Schuldgefühle

Dies ist eine wichtige Lektion, denn es sind Schuldgefühle, die uns in der Aufopferung festhalten. Es sind Schuldgefühle, die alle möglichen Formen des Leids erzeugen. Es handelt sich dabei um Schuldgefühle, die auf unerledigten Angelegenheiten der Vergangenheit beruhen, auf allen möglichen Dingen, derentwegen wir uns schlecht fühlen. Es sind diese Schuldgefühle, die Konflikte verursachen, denn nur wer sich selbst täuscht, kann in Konflikt kommen. Wir leben in einer Welt der Konflikte, der Selbsttäuschung und der Illusion in bezug auf das, was wirklich von Wert ist.

Da Schuldgefühle so unangenehm sind, wollen wir sie in der Regel nicht wahrhaben, wir verbergen sie und projizieren sie auf andere. Wir können andere nur solcher Vergehen beschuldigen, derer wir selbst schuldig sind. Wir können nur jene Menschen verurteilen, auf die wir unsere eigenen unaufgelösten und verborgenen Konflikte projiziert haben. Darum ist es für uns selbst und andere so wichtig, daß wir unsere eigene Unschuld erkennen. Unschuld kann uns vom Schmerz, vom Mangel-Erleben und von der Trennung befreien, die durch Konflikte ausgelöst werden. Sie kann im wahrsten Sinne des Wortes die Welt retten.

Unsere Beschwerden sind einer der besten Wege, um Schuldgefühle zu verbergen. Unsere Klagen lassen uns eher reaktiv als aufgeschlossen und entgegenkommend handeln. Unsere Beschwerden erlauben uns, andere zum Sündenbock zu machen, um die Suche nach der wahren Lösung in unserem Inneren zu vermeiden. Auf inneren Konflikten beruhende Beschwerden und Schuldgefühle leisten äußeren Konflikten Vorschub. Um es noch einmal zu sagen: Wir klagen andere buchstäblich dessen an, was in unserem Unterbewußtsein bzw. im unbewußten Teil unseres Geistes vergraben ist. Wenn wir ein Leben fehlerloser Beziehungen leben wollen, ein Leben, in dem wir (unter den vorhandenen inneren und äußeren Umständen, Überzeugungen und Streßbedingungen) unser Bestes geben und doch wissen, daß wir es noch besser machen können, müssen wir die Verantwortung für unsere Emotionen und für unser Leben wieder in unsere eigenen Hände nehmen. Eine solche Lebensweise könnte kraftspendend sein, für uns wie auch für unsere Mitmenschen.

Wir können unsere Beschwerden und unsere Konflikte als ein Mittel nutzen, um die Quelle bzw. die Wurzeln unserer verborgenen Konflikte und Schuldgefühle aufzudecken. Die Auflösung dieser inneren Konflikte und Schuldgefühle ist ein sehr einfacher Weg, um äußere Probleme und Konflikte zu lösen. Richtig angewendet, können unsere Klagen ein Weg sein, um Schuldgefühle aufzuspüren, die so gut vergraben sind, daß es gar keinen anderen Weg gibt, sie zu finden. Deine Klagen können dir bei deiner Heilung helfen, auch wenn noch so viel Leugnung im Spiel ist, denn deine Klagen sind ein Wegweiser zu deinen Schuldgefühlen.

Wenn Menschen sich beklagen und beschweren, fühlen sie sich im Recht, und Rechthaberei ist in Wahrheit nur eine Tarnung für das Gefühl, im Unrecht oder schuldig zu sein. Bei jedem Menschen, mit dem wir nicht zurechtkommen, können wir die Gelegenheit nutzen und nach unseren verborgenen Schuldgefühlen zu suchen beginnen. Wir können jede Klage als einen ersten Schritt zum Aufspüren unserer Schuldgefühle nutzen und mit Hilfe von Vergebung unsere eigene Unschuld und die der anderen erklären. Wie wir urteilen, so werden wir beurteilt werden. Die einzige Lösung, die funktioniert, ist Vergebung und das Eintreten für die Unschuld und das Interesse eines jeden Menschen.

Übung

Denke an ein bestimmtes Verhalten, über das du dich beschwerst. Verwende nun einige Zeit darauf, dir dieses bestimmte Verhaltensmuster „anzueignen", es so anzunehmen, als wäre es dein eigenes, wenn auch vielleicht nur unbewußt. Nimm wahr, inwieweit du dich so behandelst, als würdest du dich ständig in dieser Weise verhalten. Spüre dem daraus entstehenden Gefühl wirklich so lange nach, bis es keine emotionale Ladung mehr hat. Mache dies so lange, bis du sagen kannst: „Ja, das bin ich. Genauso bin ich." Verweile nun mit deinen Gedanken so lange bei diesem Verhalten, bis du anfängst, dich bezüglich dieses Verhaltens vollkommen ohne Schuld zu fühlen.

Weg 13
Ein Machtkampf ist ein Ort, an dem letzten Endes alle Beteiligten verlieren

Bei einem Machtkampf, insbesondere bei Machtkämpfen in persönlichen Beziehungen, gibt es keine Gewinner. Wenn wir gewinnen, geht der andere in die Verliererposition. In der Verliererposition verliert er auch seine Attraktivität, und in der Regel wird er dann in die Opferrolle gehen. Wenn ein Mensch in unserer Nähe verliert, werden wir am Ende auf die eine oder andere Art die Rechnung bezahlen müssen, oder es ist nur eine Frage der Zeit, bis er versucht, uns einen Hinterhalt zu legen und wieder die Oberhand zu gewinnen.

In einem Machtkampf fühlt sich mindestens einer der Beteiligten schlecht. Da er sich schlecht fühlt, sucht er nach jemandem, dem er dafür die Schuld geben kann.

Dadurch wird das Problem nicht gelöst, selbst wenn wir zu gewinnen scheinen. Wenn Menschen emotionalen Schmerz erleiden, reagieren sie darauf in irgendeiner Weise – entweder sie laufen weg, oder sie greifen sich gegenseitig an. Wenn wir uns dessen bewußt sind, wie wir auf Schmerz reagieren, hilft uns dies, ihn nicht auf andere abzuschieben und unsere emotionale Last nicht auf andere „abzuladen", wenn jemand zum Schlag gegen uns ausholt. Wenn wir bewußt sind, erkennen wir, daß das Verhalten der anderen entweder ein Ruf nach Liebe oder ein Hilferuf ist. Das Verhalten der Menschen wird von ihren Gefühlen bestimmt. Wenn sie mit ihrem Handeln Schmerz hervorrufen, so liegt es daran, daß sie selbst leiden. Wenn wir ihren Schmerz und ihre Bedürfnisse wahrnehmen und darauf eingehen, so können wir in Kommunikation gehen, ohne uns in einem Kampf oder Konflikt zu verfangen. Es erlaubt uns, eine Führungsrolle einzunehmen, statt der Situation in die Falle zu gehen.

Niemand möchte Schmerz erleiden, und es erfordert viel Reife, nicht zu reagieren, wenn wir leiden oder uns jemand angegriffen hat. Doch es ist möglich und hilft uns, solche Situationen auf positive Weise zu verändern und zur Entfaltung zu bringen. Es ist ein Zeichen von Reife. Selbst während wir leiden und versucht sind, zu reagieren und loszuschlagen, können wir uns fragen: Was könnte in dieser Situation hilfreich sein? Wenn wir nach innen horchen, werden wir intuitiv eine Lösung finden. Wenn wir auf die leise innere Stimme hören und entsprechend reagieren, werden wir feststellen, daß sich die Situation positiv entfaltet. Wenn wir uns dafür entscheiden, einen Schritt nach vorne zu machen, statt zurückzuschlagen, kann auch unsere Heilung und unser Leben einen Schritt vorankommen.

Übung

Nutze den heutigen Tag, um jeglichem Machtkampf die Kraft zu nehmen, dich an deiner Vorwärtsentwicklung zu hindern. Verwandle ihn in eine Wachstumssituation. Wenn du dich in einem Machtkampf befindest, höre auf die Stimme deines Höheren Bewußtseins. Wenn du heute in irgendeiner Form mit einem Problem konfrontiert wirst, höre auf dein Höheres Bewußtsein. Nimm dir fünf Minuten Zeit, um nach einer Lösung zu fragen und auf die Antwort zu warten. Die Lösung kommt immer, sofern du bereit bist, sie zu hören. Die höchste Kunst ist es natürlich, wenn es dir gelingt, inmitten deines Leids nach innen zu horchen.

Sobald du eine Möglichkeit siehst, wie alle Beteiligten in der betreffenden Situation gewinnen können, wird dies geschehen, und die Ergebnisse werden dich inspirieren. Deine Veränderungsbereitschaft wird dazu beitragen, daß du noch mehr empfangen, erfolgreich sein und lieben kannst.

Weg 14
Die Menschen, die wir ablehnen, halten uns nicht zurück

*D*ie Menschen, die wir ablehnen, halten uns nicht zurück – wir selbst sind dafür verantwortlich. In dem Maße, wie wir glauben, daß andere uns aufhalten, benutzen wir eigentlich die anderen dazu, uns selbst zurückzuhalten. Die einzig wirkliche Verschwörung gegen uns ist unsere eigene Selbstverschwörung.

Es erfordert sehr viel Reife, um zu erkennen, daß alles zum Besten geschieht. Manche Menschen müssen ihr ganzes Leben lang immer wieder schwere Lektionen, Herausforderungen, Prüfungen und Bewährungsproben meistern. Eine Prüfung ist einfach nur eine Lektion, die bisher noch nicht gelernt wurde und die zum jetzigen Zeitpunkt auftaucht, um gelernt zu werden. Eine Bewährungsprobe ist eine große Chance. Es kann sich dabei sogar um eine Situation auf Leben und Tod handeln oder um eine Situation, in der wir uns völlig niedergeschmettert fühlen, wenn wir die Bewährungsprobe nicht bestehen. Das Bestehen einer solchen Bewährungsprobe kann man mit einer Einweihung vergleichen, durch die wir in unserer Bewußtseinsentwicklung einen großen Sprung nach vorne machen. Unsere schwierigen Beziehungen bieten uns eine solche Chance.

Wenn es im Leben darum geht, mehr Bewußtheit zu entwickeln und dadurch innerlich zu wachsen und der Liebe und Freude in unserem Leben mehr Raum zu geben, dann ist eine solche Situation einfach eine Gelegenheit, uns zu verwandeln und eine gänzlich neue Ebene zu erreichen. Wenn wir glauben, daß diejenigen, die wir nicht mögen, uns zurückhalten, dann haben wir eine andere Vorstellung vom Leben und vom Glücklichsein. Wir haben andere Werte, Einstellungen oder verborgene Pläne, um Liebe, Freude und Glück zu erlangen. In der Tat arbeiten wir schwer für so viele Dinge, die uns am Ende nicht einmal zufriedenstellen, geschweige denn uns Liebe, Glück und Freude bringen. Was uns Freude bringt, sind Liebe, Kreativität, Geben, Empfangen, Vergebung und das Leben unserer Lebensaufgabe. Im Geben und Empfangen liegt ein natürliches Vorwärtsfließen. Vergebung setzt

Angst und Konflikten ein Ende und schafft die entscheidende Veränderung, die für eine Bewegung in Richtung Freude und Glücklichsein erforderlich ist.

Oftmals kommen wir im Leben an wichtige Wegkreuzungen. Wir können entweder weiterhin dieselben Entscheidungen treffen und in dieselbe Richtung weitergehen, in die wir immer gegangen sind, oder wir können einen entscheidenden Schritt in eine neue Richtung tun. Vergebung ermöglicht diesen bedeutungsvollen Schritt. Veränderungsbereitschaft und die Bereitwilligkeit, andere nicht länger zu benutzen, um uns selbst zurückzuhalten, gibt unserem Leben eine neue Richtung. Nach dem anfänglichen Aufruhr, den Veränderungen manchmal mit sich bringen, werden wir durch diesen Schritt nach vorne auf eine völlig neue Ebene der Zuversicht gelangen. Es sind diese Veränderungen, die uns flexibel, vital und lebendig bleiben lassen. Menschen, mit denen wir nicht zurechtkommen, zeigen uns immer einen starren, verteidigten Ort verborgenen Schmerzes. Wenn du einen solchen Menschen siehst, dann nutze die Gelegenheit, um ihm – und damit auch dir selbst – zu helfen.

Wenn wir uns angesichts unserer Probleme nicht für einen Wandel entscheiden, stellen wir uns stur und versuchen zu erreichen, daß der Rest der Welt sich für uns ändert. Das hat in unserer Kindheit nicht funktioniert, und es wird auch für uns als Erwachsene nicht funktionieren. Die Trotzanfälle, die wir als Erwachsene haben und die sich in Form von Zorn und Aggression oder Verletztheit und dem Gefühl des Angegriffenseins äußern, sind nicht erfolgreicher als die Trotzanfälle unserer Kindheit.

Übung

Jetzt ist der richtige Zeitpunkt, um einen entscheidenden Schritt nach vorne zu gehen. Jetzt ist der richtige Zeitpunkt für die Bereitschaft, den Vorwärtssprung auf eine neue Ebene zu machen. Jetzt ist der richtige Zeitpunkt, damit Vergebung deine Wahrnehmung verändern und dich in deinem Lernen voranbringen kann.

Nimm dir einen Augenblick Zeit, in der Stille auf Inspiration zu lauschen. Du wirst immer Führung erhalten, wie du etwas zur Verbes-

serung der Situation beitragen kannst, es sei denn, du hast ein maßgebliches Interesse daran, etwas zu verbergen. Folge deiner Inspiration, denn die daraus entstehende Lösung wird alle gewinnen lassen; auf diese Weise wirst du keine Zeit damit verschwenden, ständig zwanghaft über die Situation nachzugrübeln, und du wirst handeln, wenn gehandelt werden muß.

Weg 15
Die Menschen, die wir ablehnen, sind gekommen, um uns zu helfen

*D*ie Menschen, die wir ablehnen, sind hier, um uns zu helfen, und nur unsere Einstellung oder Sichtweise sagt uns etwas anderes. Beginnen wir mit der Feststellung, daß unser allgemeines Lebensziel dem aller anderen Menschen ähnelt: Liebe, Glücklichsein, Fülle, Freude und persönliche Entwicklung. Danach stellt sich dann die Frage, wie sich dieses Ziel erreichen läßt.

Nehmen wir an, ein Mensch, den wir nicht mögen, ist überempfindlich, streitsüchtig und aggressiv. Unser nächster Gedanke ist: Wenn ich glücklich sein will, muß ich diesen Menschen meiden, denn jedesmal, wenn ich in seiner Nähe bin, sagt oder tut er etwas, was mich aus dem Gleichgewicht bringt, und dann bin ich nicht mehr glücklich. Diese Einstellung, die letzten Endes richtig sein mag, wird unserem Glücklichsein und unserer Reife nicht dienlich sein, wenn wir nicht zunächst einige Grundprinzipien anwenden, um Entwicklung in die Situation zu bringen. Zunächst einmal werden wir nicht in Situationen hineingeworfen, für die es keine Antwort gibt. So unlösbar manche Situationen auch scheinen mögen, es gibt immer eine Antwort, die alle Beteiligten gewinnen läßt. Zweitens ist es kein Zufall, daß wir an dem Ort sind, wo wir uns befinden, sondern es gibt einen ganz bestimmten Grund dafür. Wir befinden uns in dieser Situation, weil sie eine ganz entscheidende Lektion für uns beinhaltet. Darum wäre es am besten, sie gleich zu lernen.

Eine solche Situation deutet auf einen lange bestehenden Konflikt in unserem Inneren hin. Ohne einen Menschen, auf den wir diesen Konflikt projizieren können, würden wir vielleicht Jahre brauchen, um damit in Kontakt zu kommen, warum wir einfach nicht glücklich sind. Wenn dieser Mensch nicht da wäre, würden wir immer noch den Konflikt in uns tragen, der unsere größten Bemühungen um Glücklichsein zunichte macht, und wir würden nicht wissen, warum. Unser Schmerz ist der Anfang unseres Heilungsprozesses. Er zeigt uns einen Ort, der Heilung braucht, einen Ort, an dem wir nicht mehr unbeschadet sind (ein unbeschadeter Ort ist ein Ort, an dem wir uns entscheiden, anderen keinen Schaden zuzufügen sie nicht anzugreifen, uns nicht zu rächen und uns auch nicht zum Opfer zu machen, was eine versteckte Form von Angriff darstellt). Lasse diese Gelegenheit nicht an dir vorüberziehen, denn du wirst früher oder später ohnehin wieder mit diesem Thema konfrontiert werden.

Für die Arbeit mit diesem Problem ist es wichtig, nicht vor den schmerzlichen Gefühlen zurückzuscheuen. Sie sind hilfreiche Indikatoren, die auf einen verborgenen Konflikt hinweisen. Unsere äußeren Konflikte sind nichts anderes als ein Hinweis auf innere Konflikte. Alle Konflikte beruhen auf Zweifeln oder mangelndem Selbstvertrauen, und alle Zweifel sind letztlich Selbstzweifel. Selbstzweifel entstehen dadurch, daß wir zwei verschiedene Dinge wollen oder einander widersprechende Wünsche haben. Widersprüchliche Wünsche machen aufgrund der Angst, einen von beiden Wünschen zu verlieren, ein Vorwärtskommen unmöglich. Darum geht es bei jeder Heilung darum, die einander widersprechenden Wünsche in irgendeiner Form zu integrieren.

Dein Konflikt mit dem Menschen, mit dem du nicht zurechtkommst, deutet einfach nur auf einen Ort der Verleugnung bzw. Selbsttäuschung hin, der aufgedeckt werden muß. Wenn wir weiter leugnen, indem wir den anderen angreifen, verstärken wir dadurch das Problem nur noch mehr. Wir müssen diesen Konflikt als unseren eigenen anerkennen. Dies ist der Anfang der Heilung. Den Menschen anzugreifen, mit dem wir nicht klarkommen, bedeutet, ihn als Prügelknaben für etwas anderes zu benutzen, was uns stört. Und Kämpfen wird uns nicht glücklich machen. Angriff bringt keine Freude. Freude entsteht aus Liebe und Verbundenheit sowie aus der Heilung, die dadurch möglich wird. Glücklichsein ist ein natürliches Nebenprodukt der Freude. Angriffsgedanken und Groll entstehen aus jener Rechthaberei, hinter der sich Selbstbeschuldigung verbirgt.

Von der psychologischen Dynamik her gibt es nur zwei Gefühle, Liebe und Angst. Daraus entstehen alle anderen Gefühle. Alles, was nicht Liebe ist, ist Angst. Angst wird durch unsere Angriffsgedanken erzeugt, die wir auf die Welt projizieren. Daraufhin bekommen wir Angst vor einer bedrohlichen Welt und erkennen nicht, daß der Ursprung in unseren eigenen Gedanken liegt. Dadurch werden wir dann anfälliger für stärkere negative Einflüsse.

Um glücklich zu werden, müssen wir uns für eine Haltung der Liebe entscheiden. Den Anfang dazu können wir mit einer Haltung innerer Reinheit machen, die niemandem Schaden zufügen will, und dann mit Vergebungsbereitschaft. Wenn wir nicht glücklich sind, sind wir auch nicht rein im Herzen. Es erfordert unsere Entscheidung, rein im Herzen zu werden, und unsere Entscheidung zu vergeben, damit Erfolg und Glück eintreten können. Wenn wir nicht glücklich sind, gibt es nur einen Weg, um glücklich zu werden, nämlich Heilung. Heilung entsteht durch Vergebung, Vertrauen, Integration, Verständnis, Akzeptanz, verbindliches Engagement, Loslassen usw. Sie entsteht nicht dadurch, daß wir weglaufen oder Kämpfe durch Rechthaben gewinnen. Dadurch werden nur Konflikte verdeckt, die früher oder später wieder auftauchen werden, um Heilung zu erfahren.

Alle Konflikte beruhen darauf, daß uns irgendwann einmal das Herz gebrochen wurde. Alle Konflikte kommen von unerfüllten Bedürfnissen, und unsere Bedürfnisse sind Ausdruck von Angst, von Forderungen und Angriffen. Durch unsere Vergebung, dadurch, daß wir genau das geben, was wir zu benötigen glauben, werden unsere Bedürfnisse nicht nur erfüllt, sondern auch überwunden.

Unsere gegenwärtigen Konflikte stammen von altem Groll. Groll beruht auf Situationen, in denen andere Menschen nicht das getan haben, was wir wollten. Sie haben unsere Bedürfnisse nicht erfüllt, sondern taten das, was sie getan haben, um ihre eigenen Bedürfnisse zu erfüllen. Diese Bedürfnisse und dieser Groll werden so lange durchs Leben getragen, bis wir uns für einen Ort der Heilung entscheiden. Wenn wir derartigen Groll hegen, werden wir unseren Mitmenschen entweder das antun, was sie uns angetan haben, oder wir werden ein solches Muster überkompensieren und jede Menge Energie vergeuden.

Wenn chronische Bedürfnisse und Groll durchs Leben getragen werden, entwickelt sich in der Regel eine Trotzreaktion daraus. Bei solchen Trotzreaktionen handelt es sich in Wirklichkeit um einen Ort, wo Menschen nach Hilfe und Liebe rufen. Trotzreaktionen sind in der Regel Situationen, wo das Kind im Erwachsenen verletzt ist. Wenn ein Mensch in unserer Nähe uns mit seinen Trotzreaktionen aus der Fassung bringt, so deutet dies auf eine verborgene Trotzhaltung in uns selbst hin. Darum wollen wir das verletzte Kind in uns finden und heilen, um andere nicht zur Geisel unseres Schmerzes zu machen. Heute ist ein geeigneter Tag für Heilung und Entwicklung.

Übung

Stelle dir in deiner gegenwärtigen Situation die folgenden intuitiven Fragen:
- *Wie alt war ich, als dieser Konflikt begann?*
- *Wer war bei mir, als sich dieser Konflikt ereignete?*
- *Was geschah, als dieser Konflikt begann?*

Überprüfe, welche Bedürfnisse die Menschen hatten, die an der Situation beteiligt waren.
- *Welche Entscheidungen hast du dann in bezug auf dich selbst, das Leben, Beziehungen etc. gefällt?*

Die Entscheidungen, die du damals getroffen hast, wurden zu deinen Überzeugungen, und die Welt hat sich für dich um diese Überzeugungen herum gestaltet. Was du glaubst, das nimmst du wahr. Wie du etwas wahrnimmst, hängt von deinen Überzeugungen ab, und dementsprechend handelst du. Dies bringt wiederum eine Reaktion hervor, die deine Überzeugungen bestätigt, und so wird deine Überzeugung immer mehr verstärkt und untermauert. Triff jetzt neue Entscheidungen in bezug auf das, was du glauben möchtest.

Wenn du zurückblickst und dich selbst in jenem Konflikt betrachtest, dann stelle dir vor, daß das Licht, das reine Wesen in dir, sich mit dem Licht und dem reinen Wesen der anderen Menschen verbindet. Das wird dir Frieden und Verbundenheit bringen. Wenn es sich um eine besonders starke Verletzung handelt, kann es nötig sein, diesen Vorgang zu wiederholen und dein Licht mehrmals mit dem der anderen zu verbinden, um immer stärkere Brücken zu bauen.

Weg 16
Aufopferung ist eine Form von falsch verstandener Verbundenheit

*E*s gibt eine spirituelle Form des Opferbringens, die man „Opferfeuer" nennt. Entscheide dich in dieser Woche dafür, dein Festhalten an einer Sache niederer Ordnung aufzugeben. Lasse zum Beispiel die Neigung zur Pornographie oder das Bedürfnis nach übermäßigem Alkoholkonsum oder Völlerei los.

Ein Opfer kann das Loslassen einer niederen Form zugunsten einer höheren oder spirituelleren Form sein. Im wahren Licht gesehen, ist ein solches Opfer kein Verlust. Bei der Aufopferung, von der in diesem Buch die Rede ist, handelt es sich um eine unwirkliche Form des Opfers, um einen psychologischen Fehler oder um einen Versuch, andere noch mehr zum Verlierer zu machen oder noch größere Opfer bringen zu lassen, als wir selbst es tun.

Aufopferung ist Geben, ohne zu empfangen. Im spirituellen Sinn bedeutet Geben Empfangen, und Empfangen bedeutet Geben. In Wirklichkeit sind Geben und Empfangen untrennbar miteinander verbunden. Geben erlaubt uns, Verbindung einzugehen bzw. die bestehenden Verbindungen mit unseren Mitmenschen zu erkennen. Verbundenheit ist nicht etwas, was wir tun, sondern etwas, was *ist*. Es ist ein natürlicher Bestandteil dessen, wer wir in Beziehung zu anderen sind, es sei denn, es besteht ein innerer Konflikt, der uns von diesen Menschen trennt.

Von der Psychodynamik her gesehen, liegen Angst und Trennung im Kern eines jeden Problems. Durch die Heilung der Angst bzw. der Trennung geschieht eine effektive Transformation des Problems. Aufopferung ist eine falsch verstandene Lösung für das Bedürfnis, dazugehören zu wollen. Aufopferung läßt Verschmelzung entstehen, worunter man eine Verwischung der Persönlichkeitsgrenzen im geheimen Einverständnis mit dem anderen versteht. Verschmelzung ist falsch verstandene Verbindung oder Liebe. Sie entspringt einer Position des Opfers, aufgebaut auf Schuldgefühlen und Verletzungen, einem Ort, an dem wir die reale Verbundenheit verloren haben und uns im Versuch, zwischenmenschliche Nähe zurückzugewinnen, aufzuopfern begannen. Verschmelzung ist eine fälschliche Nähe, die insgeheim nach Rache dürstet.

Aufopferung kann sich auf zwei Arten zeigen. Eine Form besteht darin, daß man für jemand anderen sorgen muß und dies als emotionale oder psychische Belastung erlebt. Die andere Form der Aufopferung ist jene, bei der wir, als der abhängigere Teil von beiden, unseren eigenen Weg aufgeben, um uns von einem anderen Menschen bei der Hand nehmen zu lassen. Bei der ersten Erscheinungsform von Aufopferung halten wir uns für den besseren, moralisch überlegenen Menschen, so daß es uns nicht wirklich etwas ausmacht, wenn wir jemanden mittragen oder die Dinge auf seine Weise tun müssen. Bei der zweiten Form der Aufopferung halten wir uns selbst für wertlos, so daß wir uns unserer selbst zu entledigen versuchen und uns dabei von einem anderen Menschen tragen lassen, wobei seine Wertigkeit für beide herhalten muß.

Wenn wir uns einem anderen Menschen gegenüber in irgendeiner Form aufopfern, haben wir eine Lösung, die nicht funktionieren wird. Es ist wichtig, keine Kompromisse einzugehen, da dies beiden Beteiligten das Gefühl vermitteln wird, verloren zu haben. Versuche zu einer ausgewogenen Lösung zu kommen, bei der beide gewinnen. Aufopferung sucht nach Nähe, doch sie sät Unmut und Groll. Aufopferung basiert auf deinen Schuldgefühlen, und nur die Unschuld aller Beteiligten ermöglicht eine Lösung und wahrhafte Verbundenheit. Gib dich nicht mit weniger zufrieden. Gib weder auf, noch passe dich der Situation an. Mache Verbundenheit zu deinem Wunsch und deiner Entscheidung. Entscheide dich für die Schuldlosigkeit aller. Lasse dich nicht auf Aufopferung ein.

Aufopferung-Verschmelzung geschieht dann, wenn wir unsere Mitte verloren haben, die ein Ort des Friedens und der Gnade ist. Unsere Mitte ist ein Ort, an dem unser Höheres Bewußtsein leicht durch uns hindurchwirken kann. Dieser Ort mangelnder Verbundenheit deutet auf ein Ereignis hin, wo die Verbundenheit durch ein Trauma im Mutterleib oder in der Kindheit verlorenging. An diesem Punkt haben wir uns selbst die Schuld für die Probleme in unserer Familie gegeben und unsere Mitte in dem Versuch verlassen, etwas für die Lösung des Problems zu tun. Dieser Ort verlorener Verbundenheit läßt Trennung und Selbstkonzepte entstehen, aus denen sich unser

Ego aufbaut, und an einem bestimmten Punkt beginnen wir bestimmte Rollen zu spielen.

Meine Arbeit hat im Laufe der Jahre gezeigt, daß man den Verlust unserer Mitte in Prozent angeben kann. Ich habe festgestellt, daß ein Verlust der eigenen Mitte zwischen 1 und 30 Prozent bedeutet, daß wir unser Leben auf einer Illusion, auf einem Mißverständnis, auf einem Fehler aufgebaut haben. Ein Verlust der eigenen Mitte zwischen 30 und 80 Prozent bedeutet, daß wir in Aufopferung gelebt haben. Liegt der Prozentsatz zwischen 80 und 99 Prozent, so haben wir uns bis zur Selbstzerstörung aufgeopfert. Haben wir die eigene Mitte zu 100 Prozent verloren, so haben wir unser Selbst, jene zentrale Persönlichkeit, zerstört. Unser Geist, einfallsreich wie er ist, gibt uns sofort eine neue Persönlichkeit. Doch wir sind bereits weit ab vom Kurs. Unsere Richtung ist schief und unsere Wahrnehmung falsch. Wir leben in Verschmelzung, sind unsicher, wo die natürlichen Grenzen liegen, und werden infolgedessen entweder zum bedürftigen Opfer oder gehen aufgrund von so viel Aufopferung in die Unabhängigkeit als Gegenteil von Verbundenheit.

Übung

Bitte heute dein Höheres Bewußtsein darum, daß es dich und die Menschen, die du nicht magst, zurück in die eigene Mitte trägt. Bitte dein Höheres Bewußtsein, daß es alle am ursprünglichen Ereignis Beteiligten zurück in ihre Mitte trägt. Nachdem ihr alle zurück in eure Mitte getragen wurdet, bitte darum, daß man euch zurück in ein höheres Zentrum bringt, falls sich noch nicht jeder von euch in einem Zustand tiefen Friedens befindet.

Spüre den Frieden, der über dich kommt, sobald du deine innere Mitte erreichst. Was normalerweise (auf traditionellem Wege wie z. B. durch Psychotherapie) Monate dauern würde, kann in ein paar Sekunden erreicht werden, wenn du deinem Höheren Bewußtsein erlaubst, die Arbeit zu tun.

Bitte darum, zurück in immer höher gelegene Zentren getragen zu werden, bis dich am Ende jede Menge Liebe und Licht umgibt.

Weg 17
Die Menschen, die wir ablehnen, halten uns nicht davon ab, Liebe zu empfangen

*N*icht die Menschen, die wir ablehnen, halten uns davon ab, Liebe zu empfangen, sondern wir selbst. Sie stehlen uns die Liebe unseres Partners nicht. Wir bekommen nur die Liebe, die wir uns zu empfangen erlauben. Wenn wir das Gefühl haben, daß ein anderer Mensch die Liebe abfängt, die zu uns kommen will, dann sieht es nur auf einer bewußten Ebene so aus. In Wahrheit erhalten wir immer das Maß an Liebe, dessen wir uns würdig fühlen und vor dem wir keine Angst haben. Wir setzen andere Menschen für unsere Verschwörung gegen uns selbst ein.

Wo ein anderer Mensch unnatürlich hohe Forderungen an unseren Partner zu stellen scheint, liegt ein Fall von Verschmelzung vor. Dabei handelt es sich um ein Verwischen der natürlichen Grenzen zwischen zwei Menschen. Es ist eine Form von Aufopferung und von mehr oder weniger verborgenem Groll. Dies zeugt von einem Ungleichgewicht, das in der Familie unseres Partners vorhanden war, als er heranwuchs. Doch die jetzige Situation konnte nur eintreten, weil es auch in unserer eigenen Ursprungsfamilie ein solches Ungleichgewicht gab und weil bei uns ebenfalls eine Verschmelzung abläuft. Die Verschmelzung unseres Partners macht uns immer in dem Maße eifersüchtig oder ärgerlich, wie wir uns selbst in Verschmelzung befinden. Dies zeigt einen Ort, an dem wir uns aufgrund dieser Verschmelzung noch nicht auf den Partner eingelassen haben. Jede Verschmelzung zieht eine Kettenreaktion nach sich; das Einlassen auf eine Beziehung bringt Leichtigkeit und macht uns paradoxerweise frei, wohingegen Verschmelzung die Wahrheit falsch darstellt und zu Schwere, Erstarrung und harter Arbeit führt.

Ein Fall von Verschmelzung deutet darauf hin, daß es einen Elternteil gab, dem wir sehr nahegestanden haben, und einen anderen, zu dem wir mehr Abstand hatten. Der Elternteil, zu dem wir mehr Distanz hielten, ist in der Regel der Elternteil, mit dem wir Probleme hatten. Während der Elternteil, mit dem wir eng verbunden waren, derjenige ist, mit dem wir ein schwerwiegenderes Thema zu bewältigen haben, fühlen wir uns diesem Elternteil womöglich viel näher. In der Regel befassen wir uns zuerst mit dem „problematischen" Elternteil, und wenn wir dies geschafft haben, gehen wir einen Schritt weiter, um die Thematik mit dem Elternteil zu heilen, mit dem wir verschmolzen sind. Verschmelzung ist ein Ort übermäßiger Nähe oder erdrückender Liebe. Dies muß sich nicht unbedingt im Verhalten zeigen, es läuft jedoch immer auf einer emotionalen oder energetischen Ebene ab. Manchmal kommt es vor, daß wir im Teenageralter gegen den Elternteil aufbegehren, mit dem wir verschmolzen sind, womit wir versuchen, unseren eigenen Platz und uns selbst zu finden. Wenn wir mit beiden Elternteilen verschmolzen sind, ist es wahrscheinlich, daß unser Partner zum „Außenseiter" wird, vor allem dann, wenn er andere kulturelle Wurzeln hat als wir.

Verschmelzung ist eine Form von Aufopferung, die uns kein Empfangen und keinen umfassenden Erfolg erlaubt. Verschmelzung basiert auf Schuldgefühlen, die heimlich nach Rache dürsten. Es ist diese Verschmelzung und zugleich Polarisierung mit unseren Eltern, in der Verhaltensmuster von übertriebener Nähe oder Distanz zu unseren Schwiegereltern oder Kindern wurzeln. Wir müssen unseren Geist und unsere Familie wieder ins Gleichgewicht bringen, damit wir in diesem gesamten Bereich wieder in Frieden leben können. Es sind diese Muster innerhalb der Familiendynamik, die negative Beziehungs- und Aufopferungsmuster entstehen lassen.

Wenn wir auf diese Weise mit einem anderen Menschen verschmolzen sind, wird unser Partner von uns in eine Ecke gedrängt werden. Wenn hingegen unser Partner uns in die entgegengesetzte Ecke drängt, ist es wahrscheinlich, daß er sich mit einem anderen Menschen in Verschmelzung befindet. Um welchen der beiden Fälle es sich auch handeln mag, wir durchleben erneut frühe Erfahrungen aus unserer Ursprungsfamilie. Dies ist der Zeitpunkt, Gleichgewicht und Verbundenheit mit allen Beteiligten herzustellen. Wir können Verbundenheit und Gleichgewicht statt verwischter Grenzen und Aufopferung in unserem Leben haben.

Alle Familienmuster laufen in der Regel unterbewußt ab und bilden so lange die Wurzel unserer chronischen Probleme, bis wir sie unter die Lupe zu nehmen beginnen.

Verschmelzung ist die Wurzel von Co-Abhängigkeitsproblemen, bei denen ein Partner als Helfer fungiert und der andere den identifizierten Problemfall bzw. die abhängige Persönlichkeit darstellt. Verschmelzung ist ein Ort falscher Nähe, die kein Empfangen erlaubt und ein übermäßig belastendes Gefühl der Loyalität erzeugt, das wir fälschlicherweise für Liebe halten. Dieser Fehler hält uns an Menschen oder Situationen gekettet und schafft in Wirklichkeit eine „Helfer"-Situation statt einer tatsächlich hilfreichen. In einer Helfer-Situation spielen wir demonstrativ den „großen Helfer", verstärken aber insgeheim das Problem, damit wir weiterhin gebraucht werden. Wir wollen nicht wirklich, daß der andere sich ändert oder sich besser fühlt und vorankommt, weil sein Weiterkommen uns dazu zwingen würde, dasselbe zu tun oder zurückzubleiben. Unsere Angst vor dem Vorankommen ist genauso stark wie die Angst des identifizierten Problemfalles.

Häufig beklagen wir uns, daß der Ehemann, die Frau, der Freund oder die Freundin mit einem Menschen seiner Ursprungsfamilie verschmolzen oder ihm übermäßig zugetan ist. In einer solchen Situation werden wir jenem Menschen mit Abneigung gegenüberstehen oder sogar eifersüchtig auf ihn sein, weil er sich in unsere Zweierbeziehung einmischt. Doch eine solche Situation kann nur dann eintreten, wenn auch wir uns in Verschmelzung befinden, selbst wenn es an der Oberfläche so aussieht, als seien wir wesentlich unabhängiger. Doch je unabhängiger wir zum jetzigen Zeitpunkt sind, desto stärker war früher einmal unsere Verschmelzung – bevor wir vor lauter Aufopferung innerlich ausgebrannt waren und in die Unabhängigkeit gegangen sind. Es kann es sich auch um frühere Beziehungspartner, Freunde, Eltern oder sogar um Situationen handeln, mit denen wir verschmolzen sind. Das Maß der Verschmelzung ist bei beiden Partnern immer gleich, wenn auch nur einer sie deutlich sichtbar auslebt.

Übung

Jeder von uns befindet sich in irgendeiner Weise in Verschmelzung, genauso wie jeder von uns Bedürfnisse hat oder in die Unabhängigkeit geht (Polarisation). Unser Einlassen auf uns selbst, auf unser

Leben, auf unseren Partner und die Heilung unserer Probleme bringt wahre Partnerschaft, zwischenmenschliche Nähe und Erfolg.

Schließe deine Augen und spüre oder stelle dir vor, daß du dich wieder in deiner Ursprungsfamilie, in jener (durch Verschmelzung charakterisierten) Problemsituation befindest, die du aufgedeckt hast. Diese Situation wird ans Licht kommen, wenn du die Beziehung zu deinem Partner überprüfst und dir anschaust, wie du auf seine Beziehung zu einem anderen Menschen reagierst, die sich scheinbar in eure Zweierbeziehung einmischt bzw. eurer Beziehung etwas zu „stehlen" scheint.

Bitte dein Höheres Bewußtsein, dich in jener Situation zurück in deine Mitte zu bringen. Bitte dein Höheres Bewußtsein, deine ganze Familie in jener Situation zurück in ihre Mitte zu bringen, und wiederhole dies so oft wie nötig, um ein tiefes Gefühl von Licht und Liebe in jener Situation zu erreichen.

Bitte nun darum, daß du in deiner gegenwärtigen Situation in deine Mitte zurückgebracht wirst und daß alle an dieser Situation Beteiligten ebenfalls zurück in ihre Mitte gebracht werden, und das so oft wie nötig, um wahres Gleichgewicht und Verbundenheit zu erreichen. Du wirst erkennen, daß der Vorgang abgeschlossen ist, wenn du Frieden spürst, selbst dann, wenn du an die Menschen denkst, die du ablehnst.

Weg 18
Wenn wir uns mit den Menschen verbinden, die wir ablehnen, wird Heilung geschehen

Unser einzig wirkliches Problem ist Trennung – und die Meinung, daß unsere Interessen sich von denen anderer Menschen unterscheiden. In dynamischer Hinsicht erzeugt diese Trennung, die gleichbedeutend ist mit Angst und Angriffsgedanken, eine Vermehrung der Probleme, mit denen wir konfrontiert werden. Wenn wir uns getrennt fühlen, handeln wir aus einem Konkurrenzdenken heraus, um unsere Interessen zu verfolgen, und setzen uns dabei über die Interessen unserer Mitmenschen hinweg und degradieren sie zum bloßen Objekt. Selbst wenn wir den Wettkampf gewinnen und mehr haben als andere, führt dies automatisch zur Entfremdung. Das Gefühl der Trennung wird stärker, wenn wir in einer bestimmten Situation gewinnen oder verlieren. Nur Zusammenarbeit und Gegenseitigkeit führen zu zwischenmenschlicher Verbindung und Nähe.

Verschmelzung, die ein Verwischen der Persönlichkeitsgrenzen darstellt, hat nichts mit Verbindung zu tun. In der Verschmelzung fühlen wir uns als Opfer und erdrückt, was dazu führt, daß wir in dem Versuch, die Unterschiede zwischen uns und dem anderen wiederherzustellen, entweder die Flucht ergreifen oder unseren Zorn ausagieren und angreifen. Sich auf einer bewußten Ebene verbinden heißt anerkennen, daß wir uns selbst etwas geben, wenn wir anderen Menschen geben; genauso wie wir uns selbst angreifen und verurteilen, wenn wir andere angreifen oder verurteilen. Verbindung eingehen bedeutet, einem anderen Menschen in einer Weise nahe zu sein, die ein „Verweilen" ist, anstatt ihn zum Objekt zu machen, das man ausnutzen, angreifen oder beschuldigen kann.

Wenn wir lernen, Verbindung einzugehen, ist es wichtig, daß wir dabei lernen, eine innerlich reine, liebevolle Haltung zu üben. Eine liebevolle Haltung ist der Wunsch, anderen nicht zu schaden. Sie ist ein Lebensweg. Eine innerlich reine, liebevolle Haltung läßt uns eine andere Entscheidung treffen, wenn wir merken, daß wir Gedanken hegen, die nicht liebevoll sind. Eine liebevolle Haltung läßt sich nicht in andere, eher verborgene Formen des Angriffs verstricken wie Ängstlichkeit, Schmerz, Kummer, Sorgen, Lüsternheit oder sogenannte „konstruktive" Kritik. Jeder Gedanke, dem es an Liebe und Vertrauen fehlt, ist ein Angriff. Jeder Gedanke ist entweder liebevoll oder angreifend, da es keine neutralen Gedanken gibt. Wir machen einen Menschen zum Objekt, und zwar entweder dadurch, daß wir negative Gefühle auf ihn projizieren (und ihn somit verurteilen und angreifen), oder indem wir positive Attribute auf ihn projizieren, ihn dadurch aber zum Objekt machen, das unsere Bedürfnisse erfüllen soll.

Eine liebevolle Haltung weiß, daß wir ernten, was wir säen, und daß wir alles, was wir anderen zufügen, uns selbst antun. Sich-Verbinden heißt anerkennen, daß jedes wahre Interesse im Interesse aller liegt. Es ist das Erkennen, daß wir nur Enttäuschung ernten, wenn wir durch Wettbewerb versuchen, mehr als andere zu bekommen. Wo immer wir versuchen, im Vergleich zu einem anderen Menschen mehr für uns zu gewinnen, sei es Schönheit, Intelligenz, Geld oder Macht, werden wir nur flüchtiges Glück erhaschen. Wettbewerb führt früher oder später zu Enttäuschung und Leid.

Wer Verbindung eingeht, weiß, daß jede Verschmelzung und jeder Wettbewerb eigentlich nur den nächsten Schritt zu meiden versucht. Beides sind Methoden, bei denen wir anderen Menschen etwas zu nehmen suchen. Das verzögert unsere Entwicklung und läßt uns in der falschen Richtung nach Glück Ausschau halten. Wir verfallen dann dem größten Fehler und weisen anderen Menschen einen zweitrangigen Platz im „Film" unseres Lebens zu, während wir selbst den „Helden" oder „Star" spielen und andere zum Objekt degradieren, das unsere Bedürfnisse erfüllen soll. Das führt zu Aufruhr, wenn der andere die Rolle nicht akzeptiert, die wir ihm auf den Leib geschrieben haben, oder es führt zu Langeweile und der unausbleiblichen Aufopferung, wenn wir den anderen „mittragen" müssen.

Hingegen bringt es uns wirklich voran, wenn wir Verbindung eingehen. Indem wir uns mit einem anderen Menschen verbinden, gelangen beide auf eine neue Ebene zwischenmenschlicher Nähe und auf eine neue Stufe der Zuversicht. Das gemeinsame Wohlbefinden, das zwischenmenschlicher Nähe entspringt, vermittelt uns das Gefühl eines gemeinsamen Ziels, der Verbundenheit mit der ganzen Menschheit und der Zugehörigkeit zu einer großen Familie. Es ist der Anfang der

Erfahrung, daß wir alle füreinander hier auf Erden sind. Wenn die Dinge zum Höchsten und zum Besten stehen, scheinen wir dies zu wissen. Verbindung gibt uns das Gefühl, gemeinsam zu gewinnen, was die Liebe und die Freude bringt, die aus Verbundenheit entstehen.

Übung

Stelle dir vor, daß ein Mensch, den du ablehnst, am anderen Ende eines großen Raumes steht. Die räumliche Entfernung entspricht in Wahrheit dem Getrenntsein und dem Urteilsdenken, die zwischen euch stehen. Stelle dir vor, daß jeder Schritt, den du auf den anderen zugehst, ein Schritt zur Heilung dieser Distanz zwischen euch ist. Gehe in deiner Vorstellung einen Schritt nach dem anderen auf diesen Menschen zu, in dem Maße, wie du bereit bist, die Kluft zwischen euch zu überbrücken. Wenn du Widerstand spürst, nimm dieses unangenehme Gefühl so lange wahr, bis es verschwunden ist, und bitte dein Höheres Bewußtsein um Hilfe.

Wenn du schließlich direkt vor dem anderen Menschen stehst, schaue ihm in die Augen, und sieh das Kind in ihm, das deine Liebe wünscht, das um deine Liebe fleht, das deine Liebe einlädt. Reiche ihm voller Entgegenkommen die Hand. Höre seinen Hilferuf, seinen Wunsch, gerettet zu werden und dich zu retten. Stelle dir nun vor, daß der Mensch, der vor dir steht, ein Teil von dir ist, den du verurteilt, von dir abgespalten und unterdrückt hast, und daß du nun endlich gekommen bist, dich zu erlösen und dir zu vergeben. Integriere den verlorenen Teil deiner selbst, der eine unsichtbare Barriere bei deinem Vorwärtskommen verursacht hat.

Weg 19
Die Menschen, die wir ablehnen, sind keine Falle

Die Menschen, die wir ablehnen, sind keine Falle, es sei denn, wir machen sie dazu. Unter einer Falle versteht man einen problematischen Menschen oder eine problematische Situation, die dazu führt, daß wir stecken bleiben, anstatt vorwärtszugehen. Wir quälen uns mit Fallen, und sie verhindern den Frieden. Nur aus dem Frieden entspringen Freude, Liebe und Weiterentwicklung.

Keine Situation, ganz gleich, wie schrecklich sie auch sein mag, sollte als Hindernis für den Frieden benutzt werden. Durch Frieden können sich die Dinge mit anmutiger Leichtigkeit und naturgemäß entfalten. Jede extreme Situation ist auch eine Situation, die wir dazu verwenden können, einen großen Sprung auf eine neue Bewußtheitsebene zu machen und das zu heilen, was in uns zerbrochen ist. Es ist eine Bewährungsprobe oder vielmehr eine Einladung auf eine neue Ebene des Seins – die wir bereitwillig annehmen können oder durch die wir uns hindurchschleppen lassen können. Es liegt an uns.

Wir können eine Falle dazu benutzen, uns selbst vom Vorwärtskommen abzuhalten, weil wir Angst vor dem nächsten Schritt haben. Eine Falle kann dazu benutzt werden, ein Geschenk, eine Gelegenheit oder eine Begabung abzublocken, weil wir Angst haben vor der Stufe der Hingabe, die diese Gaben in uns erfordern. Eine Falle baut auf Schuldgefühlen auf, auf irgendwelchen unguten Gefühlen, die dafür sorgen, daß wir uns weiterhin zurückziehen und uns vom Fluß des Lebens fernhalten. Eine Falle läßt uns selbstbezogen sein, wenn andere am meisten unsere Hilfe brauchen. Sie macht uns egozentrisch und läßt uns sogar in Selbstsucht schwelgen, wenn es höchst wichtig wäre, über unser eigenes Ich hinauszugehen – für uns selbst und andere.

Eine Falle ist eine Form von Verzögerung, die auf der Trennung in der Welt aufbaut und den Glauben an Leid, Zerstörung und Tod verstärkt. Das Hindurchgehen durch unsere Fallen und Begrenzungen ist das Beste, was wir tun können, um der Welt in ihrer Entfaltung zu helfen. Jeder Schritt, den wir nach vorne machen, inspiriert und lehrt andere, daß sie dasselbe tun können, und er ermöglicht eine Gnade zur

Heilung anderer. Jeder Schritt gibt anderen sowohl die Erlaubnis als auch die Unterstützung, dasselbe zu tun. Es besteht zwar die Möglichkeit, daß wir nicht alle Begrenzungen überwinden können, doch jede Begrenzung, die wir hinter uns lassen, hilft das Minenfeld für diejenigen, die nach uns kommen, zu säubern. Am meisten helfen wir dadurch unseren Kindern.

Ein grundlegender Schritt, um aus einer Falle herauszukommen, besteht zunächst im Erkennen, daß wir uns in einer Falle befinden. Eine Falle ist ein Problem, bei dem wir uns davor fürchten, die Lösung zu finden, weil es von uns verlangt, daß wir uns in irgendeiner Weise ändern. Wann immer ein Problem auftaucht, taucht gleichzeitig auch eine Lösung auf. Wenn wir den Mut haben, die Lösung zu akzeptieren, kann alles gedeihen. Wenn wir sofort die Lösung finden, vermeiden wir nutzlose Zeitverschwendung, denn wenn wir Zeit vergeuden, vergeudet die Zeit uns. Sobald wir erkennen, daß wir uns in einer Falle befinden, können wir unser wirkungsvollstes Werkzeug einsetzen, die Kraft unserer Entscheidung. Wir können uns dafür entscheiden, nicht in der Falle steckenzubleiben.

Übung

Die nachfolgenden Sätze kannst du in jeder Situation anwenden, die eine Falle in sich birgt, um aus deiner Verranntheit herauszukommen und Frieden zu finden. Benutze diese Kraftworte als Hilfe für dein Vorwärtskommen. Sie werden die Falle – oder zumindest einen großen Teil davon – beseitigen. Verwende diese Sätze so oft wie nötig. Lege deine ganze Energie, deinen Willen und die Kraft deiner Entscheidung in diese Worte hinein.

"Ich werde und will dies nicht als Falle benutzen. Ich werde und will dies nicht dazu benutzen, um mich selbst zurückzuhalten. Ich werde und will es jedoch als einen Weg zur Wahrheit, zum Frieden und für einen Sprung nach vorne benutzen."

Weg 20
Verständnis öffnet das Tor zur Vergebung, und Wertschätzung öffnet das Tor zur Liebe

In Wahrheit gibt es nichts, was von irgend jemandem vergeben werden müßte. Das erkennen wir, wenn wir Vergebung erlangt haben. Angesichts von innerem und äußerem Druck handeln wir, so gut wir können, doch wir alle können es noch besser machen. Wir geraten in Fallen und verfangen uns in chronischen Mustern, wir streben danach, unser eigenes Lebensspiel zu gewinnen oder unsere Sichtweise der Welt durchzusetzen, ohne zu erkennen, daß wir zu etwas viel Größerem aufgerufen sind. Um uns selbst zu befreien, um diesem Ruf zu folgen, müssen wir unsere Lebensweise und unsere Wahrnehmung der Welt verändern.

Die Tatsache, daß es in unserer Welt einen Menschen gibt, der in einer Falle steckt (und uns scheinbar verletzt), ist kein Zufall. Auf einer unterbewußten Ebene ist ein geheimes Einverständnis vorhanden. Wenn wir genau hinschauen, werden wir einen verborgenen Konflikt in uns finden, der nach Heilung ruft, sowie die Chance, etwas zu lernen, was uns voranbringen und stärken kann. Es ist unsere Vergebung, die dies möglich macht. Es ist eine Chance, uns eine immer reinere und liebevollere Haltung zu eigen zu machen und unschuldiger zu werden.

Durch unsere Aggression, durch unser Angriffsdenken und Aufopferungsverhalten (eine weitere Form des Angriffs) haben wir möglicherweise festgestellt, daß wir keine gänzlich liebevolle Haltung haben. Wir haben vielleicht sogar bemerkt, daß unsere Aufopferung in dieser Situation eigentlich ein Manipulationsversuch ist, der andere dazu zwingen soll, das Spiel zu verlieren und mehr als wir zu opfern, damit wir unseren eigenen Willen durchsetzen zu können. Wer ganz und heil ist, stellt keine Forderungen.

Wir befinden uns nicht zufällig in einer bestimmten Situation, sondern aus einem ganz bestimmten Grund. Wir können viel tun, um uns und andere zu unterstützen, indem wir die Bereitschaft entwickeln, alle Ebenen dessen zu verstehen, was geschieht. Sobald ein Mensch versteht, verspürt er keine Notwendigkeit mehr zu vergeben, denn er erkennt, daß es sich einfach nur um einen Fehler gehandelt hat. Durch die vorliegenden Umstände erzählt uns das Leben von einem Aspekt in unserem Inneren, der aufgelöst werden kann. Wenn wir uns der Lektion verweigern, wird sie in der Regel zu einer Prüfung für uns. Hier haben wir eine Chance, von unserer Ganzheit zu erfahren, die durch den bestehenden Konflikt überschattet wird.

Unsere Wertschätzung zum Ausdruck zu bringen ist eine andere Möglichkeit, durch Konflikte hindurchzugehen (oder mit jedem Schritt durch jeweils eine Schicht des Konflikts hindurchzugehen). Wertschätzung bringt ein Fließen in Gang, wohingegen Verurteilung und Groll uns in der Situation festhalten. Diese Wertschätzung mag sich vielleicht nur darauf beziehen, daß wir diesen inneren Konflikt entdeckt und als unseren eigenen identifiziert haben, der, ohne daß wir uns dessen bewußt waren, an uns genagt und uns Energie geraubt hat, die den Konflikt verborgen halten sollte. Anders formuliert: Wir können froh darüber sein, daß uns jemand einen inneren Konflikt oder Groll bewußt gemacht hat, von dessen Existenz wir bisher nichts geahnt haben, auch wenn wir den betreffenden Menschen oder die Beziehung an sich nicht wertschätzen.

Wenn wir anerkennen können, daß ein Konflikt etwas ans Licht gebracht hat, was der Heilung bedarf, anstatt uns durch den Konflikt unsere Energie rauben zu lassen, ist das an sich schon ein Anfang. Mache dir bewußt, wie sehr es in diesem Buch immer wieder darum geht, uns zu Veränderung zu motivieren und Situationen in neuem Licht zu betrachten. Motivation schafft Veränderung.

Übung

Stelle dir vor, wie der Mensch, mit dem du nicht zurechtkommst, sich fühlen muß, um so zu handeln, wie er es tut. Warst du jemals in deinem Leben in einer Lage, in der du dich ebenso gefühlt hast? Erinnere dich daran, was du durchgemacht hast, als du dich so fühltest, und wie es dich beeinflußt hat. Da du dieses Gefühl selbst so gut kennst -, kannst du jetzt verstehen, was dieser Mensch durchmacht? Es ist möglicherweise ein Überbleibsel dieses alten Gefühls, das den

Konflikt verursacht. Jetzt ist die Gelegenheit, dich selbst davon freizumachen, indem du es dem anderen nicht vorhältst.

Stelle dir vor, du wärest der Mensch, den du nicht magst. Stelle dir vor, wie es sein muß, am Morgen als dieser Mensch aufzuwachen..., wie sich die Dinge für ihn anfühlen, wie die Welt für ihn aussieht, wie sein Tag verläuft, worüber er nachdenkt, wovon er sich bedroht fühlt. Stelle dir all seine Handlungen, Reaktionen und Gefühle vor, bis er am Abend zu Bett geht. Nimm dir für diese Übung mindestens zehn Minuten Zeit.

Stelle in Gedanken oder auf Papier eine Liste mit all den Dingen auf, die du an diesem Menschen schätzt. Gute Eigenschaften, die er hat, Freundlichkeiten, die er dir oder deiner Familie entgegengebracht hat, Unterstützung, die er vielleicht geleistet hat - das alles sind Bereiche, die du in deine Überlegungen einbeziehen kannst. Verweile bei diesen Dingen oder vielleicht auch nur bei einer einzigen Eigenschaft, die für dich besondere Bedeutung hat. Diese Wertschätzung wird dich voranbringen.

Da die bewußte Wahrnehmung deiner Ganzheit dich befreien wird, konzentriere dich heute auf diese Ganzheit, indem du dem Menschen, mit dem du nicht zurechtkommst, deinen Segen gibst. Du könntest heute zum Beispiel folgenden Satz sagen, während du an diesen Menschen denkst, oder nimm den Namen eines anderen Menschen, der dir Schwierigkeiten zu bereiten scheint, bzw. irgendeines beliebigen Menschen, der dir gerade in den Sinn kommt. Sage dir:

„Meine Ganzheit segnet dich, _____ (Name)."
Wiederhole dies den ganzen Tag über.

Weg 21
Unser Gleichgewicht hilft nicht nur uns selbst

Gleichgewicht ist ein Geisteszustand, in dem Frieden wohnt. Es bedeutet Gelassenheit angesichts des Auf und Ab des Schicksals. Inneres Gleichgewicht ist weder passiv noch statisch, sondern bedeutet Aufgeschlossenheit und Verbundenheit. Es gibt und empfängt. Da es sich nicht nur auf sich selbst verläßt, besitzt es sowohl den Mut, eine Führungsrolle zu übernehmen, als auch die Intelligenz, die Kraft der Gruppe und das Höhere Bewußtsein erfolgreich sein zu lassen, anstatt nur den Status quo zu bewältigen.

Unser Gleichgewicht und unsere innere Ruhe sind eine Wohltat für unsere Partner und unsere Familie, da sie sich auf diese Beständigkeit verlassen können, anstatt ständig mit Gefühls- und Stimmungsschwankungen rechnen zu müssen. Wenn reaktive oder aggressive Energien unseren Weg kreuzen, erkennt das innere Gleichgewicht gelassen den Angriff als einen Hilferuf, als eine Chance zu innerem Wachstum und größerer Kraft und als eine Gelegenheit für neues Lernen und mehr Kontakt.

Es liegt in der Natur von Emotionen, daß sie sich gegenseitig hochschaukeln. Im Falle von Angst oder Zorn ist dies ganz offensichtlich. Ein Mensch, der nicht bereit ist, sich reaktiv auf eine emotionale Situation einzulassen, ist ein Mensch, der das Muster verändern kann oder beginnen kann, es zu verändern. Ein solcher Mensch kann durch sein Gleichgewicht und seine Vision die Tür vor Hysterie und Angriff durch reaktive Emotionen schließen.

In jeder Familie gibt es ein Gruppenbewußtsein, das ständig versucht, durch die Handlungen der einzelnen Familienmitglieder ein Gleichgewicht herzustellen. Ein Mensch, der nach Wahrheit und einem gut reagierenden Gleichgewicht strebt, anstatt ständig das Familiendrama zu nähren, kann viel dazu beitragen, die Entwicklung der Familie in Richtung ihres Lebensziels zu fördern.

Ein anderer Weg zum Verständnis unserer Familie liegt darin, jedes einzelne Familienmitglied als einen unterbewußten Teil unseres Geistes zu betrachten. Bei diesen Teilen handelt es sich eigentlich um abgespaltene und unterdrückte Teile unserer selbst. Wenn wir diese Teile unserer selbst finden, welche die einzelnen Mitglieder unserer Familie repräsentieren, und diese Aspekte integrieren, dann werden wir auch eine entsprechende Veränderung in unserer Familie beobachten können. In ähnlicher Weise stellen auch unsere Freunde, Bekannten, Arbeitskollegen und sogar Menschen, die wir lediglich sehen oder von denen wir lesen, Teile unseres eigenen Geistes dar.

Unsere Interaktionen mit diesen Menschen sind ein Maßstab für die Interaktionen in unserem Geist zwischen den Persönlichkeiten, mit denen wir uns als unser Selbst identifizieren, und anderen, weniger starken Identifikations-Persönlichkeiten, die wir auf unsere Umwelt projizieren. In gewissem Sinne findet die Welt, wie wir sie sehen, in unserem Geiste statt, und ein wahrhaft engagierter Mensch kann viel Gutes in der Welt tun, einfach dadurch, daß er sein Denken ändert und sein inneres Gleichgewicht stärkt. Dieses Gleichgewicht erlaubt, daß Inspiration und Gnade zu uns kommen, um die Situation zu berichtigen. Es ist die Reife des inneren Gleichgewichts, welche der Wahrheit die Tür öffnet und dafür sorgt, daß nur das wertgeschätzt wird, was wahrhaft wertvoll ist.

Die ganze Welt ist untrennbar miteinander verwoben. Ein Akt der Freundlichkeit, Großzügigkeit oder Liebe erhellt das Licht der ganzen Welt. Wie wir unseren Mitmenschen gegenüber handeln, mit denen wir gegenseitig verbunden sind, kann die ganze Welt segnen.

Eine einzige Gabe aus ganzem Herzen kann einer Mutter am Ende der Welt helfen, Nahrung für ihr hungerndes Kind zu finden. Ein Akt der Vergebung kann einen potentiellen Selbstmörder, der eine halbe Weltreise von uns entfernt ist, dazu bringen, die Pistole von seinem Kopf zu nehmen und eine neue Wahl zu treffen. Eine liebevolle Geste, eine spontane herzliche Reaktion kann in der Wüste eine Quelle zum Sprudeln bringen.

Umgekehrt spiegeln die Kriege in der Welt, die Hungersnöte und Seuchen tiefe, unbewußte Muster wider, die in uns allen liegen. Doch ein einziger Mensch, der sich wahrhaft für den Dienst an der Menschheit engagiert, kann eine Heilung herbeiführen, die in der ganzen Welt entsprechende Wirkung zeigt. In Wirklichkeit sind wir die Welt und ihre Menschen. Unser Gleichgewicht hilft unserer eigenen Entwicklung und unterstützt die Evolution des ganzen Planeten.

Übung

Hier ist eine Integrationsübung, die dich vom Konflikt wegbringen und dich deinen Mitmenschen – beispielsweise deiner Familie – wenigstens einen Schritt näher bringen kann. Sie wird dich auch einen Schritt und ein Stück mehr mit dem Leben in Kontakt bringen. Wenn du lang andauernde Probleme hast, kannst du diese Übung öfter machen.

Stelle dir vor, daß deine Ursprungsfamilie im Kreis um dich herumsteht. Sei dir bewußt, daß deine Familie ein Spiegel deines eigenen Geistes ist. Lade jedes einzelne Familienmitglied als Aspekt deines Geistes ein, zu dir zu kommen, sich mit dir zu verbinden und mit dir zu verschmelzen.

Stelle dir dann alle Menschen vor, mit denen du Probleme hast, und lasse auch sie sich im Kreis um dich herum aufstellen, lasse sie zu dir kommen, lasse sie mit dir verschmelzen und sich mit dir zu einem Ganzen vereinen.

Verbringe ein paar Minuten damit, in Gedanken bei all den Hilfeschreien in der heutigen Welt zu verweilen. Wenn es dir hilft, denke an alles in der Welt, was nicht Liebe ist. Diese Dinge sind ein Hilferuf. Wenn du zu helfen bereit bist, wird es leicht, all die Hilferufe zu hören. Begegne heute allen Menschen bewußt, mit denen du in Kontakt kommst, in dem Wissen, daß keine Begegnung zufällig ist. Nutze den heutigen Tag, um ihn für diese Menschen, für die Welt und für dich selbst bedeutungsvoll zu machen.

Verwende diese Hilferufe nicht dazu, um deiner eigenen Lebensaufgabe aus dem Weg zu gehen, denn sie ist der beste Weg, um der Welt und dir selbst zu helfen. Du kannst diesen Hilferufen mit einer liebevollen Haltung und einem Segen begegnen. Deine Aufgeschlossenheit läßt ein Fließen entstehen, wohingegen Vermeidung oder übermäßiger Einsatz (ein übermäßig belastendes Loyalitätsgefühl) einfach eine Falle ist, die dich vom Weg ablenkt und dich bremst. Deine Urteilskraft und dein inneres Gleichgewicht werden dich den Unterschied erkennen lassen.

Weg 22
Ein Angriff auf einen Menschen, den wir ablehnen, ist in Wirklichkeit ein Angriff auf unseren Partner

Jeder Angriff auf einen anderen Menschen ist eigentlich ein Angriff, der auf unseren Partner oder einen sehr nahestehenden Menschen abzielt. Es ist viel leichter, unseren Ärger auf einen scheinbar außerhalb unserer Beziehung stehenden Menschen abzuschieben, als sich der Aspekte bewußt zu sein und sich mit ihnen auseinanderzusetzen, die in unseren Beziehungen unvollständig sind und uns belasten. Wenn wir unsere Unzufriedenheit mit anderen auf diese Weise betrachten, können wir das, was unterbewußt ist, in unser Bewußtsein bringen und uns dann damit auseinandersetzen.

Außerdem ist das, was wir einem Menschen vorhalten, etwas, was wir in Wirklichkeit allen Menschen, auch unserem Partner, vorhalten. Wenn unser Partner das täte, was uns an anderen ärgert, würden wir es ihm vorwerfen. Und das tun wir tatsächlich, da der Abstand, den wir zu einem Menschen halten, auch einen Keil zwischen uns und alle anderen Menschen treibt. Mit anderen Worten: Jeder Konflikt außerhalb unserer Partnerschaft spiegelt auch einen Konflikt in unserer engsten Beziehung wider.

Einem Menschen etwas zu vergeben heißt, dies allen Menschen zu vergeben, auch uns selbst. Etwas zu vergeben bedeutet, unsere Wahrnehmung des betreffenden Themas zu verändern, so daß wir es nicht länger als Problem betrachten, oder wir betrachten es als einen Hilferuf, auf den zu reagieren uns leicht fällt. In jedem Falle führt Vergebung zu Frieden.

Es erfordert eine natürliche Intuition oder ein gutes Maß an Kommunikation, um die verborgenen Konflikte zwischen uns und unseren Partnern aufzuspüren, aber es ist wirklich der Mühe wert. Das liegt daran, daß uns die verborgenen Themen auch dann beeinflussen, wenn wir uns dessen nicht bewußt sind. Wenn wir uns eines Problems bewußt sind, ist bereits die halbe Schlacht gewonnen. Es ist auch wichtig, daß wir uns der Tatsache bewußt sind, daß mit dem Auftauchen des Problems gleichzeitig auch die Lösung kommt. Wenn auch unsere tatsächlichen Erfahrungen davon abweichen mögen, so ist es doch wichtig zu wissen, daß dieses Prinzip wahr ist und daß die Antwort erscheint, sobald wir bereit sind, sie zu akzeptieren. Die Zeit, die wir benötigen, um eine Antwort zu finden, entspricht der Zeit, die wir brauchen, um Vertrauen in den nächsten Schritt, in die nächste Erfolgsebene zu fassen.

Eine tiefgehende, fruchtbare und produktive Kommunikation zwischen uns und unserem Partner kann dann entstehen, wenn wir einen Menschen wählen, mit dem unser Partner oder wir selbst nicht zurechtkommen, und dann beginnen, unsere Beziehung auf mehr oder weniger verborgene Themen hin zu untersuchen, die möglicherweise mit diesem Menschen verbunden sind. Es ist jedoch wichtig, daß wir dies mit dem Ziel tun, mehr Nähe in unsere Beziehung zu bringen. Wir können dort eine Brücke der Verbundenheit bauen, wo zuvor nur Konflikt geherrscht hat.

Wenn wir das Konzept dieser Lektion zu erforschen beginnen, indem wir unsere Partnerbeziehung mit Leichtigkeit und einer positiven Haltung reflektieren, können wir „der Sache wirklich ein ganz anderes Gesicht geben". Nehmen wir beispielsweise an, daß an diesem Konzept etwas Wahres sei und daß wir über diesen Konflikt mit einem Menschen, mit dem wir nicht klarkommen, so sprechen, als handelte es sich dabei tatsächlich um einen Konflikt innerhalb unserer eigenen Partnerbeziehung. Was können wir dabei verlieren? Unsere Beziehungen können nur besser werden, wenn wir zusammenarbeiten, um neue Verbundenheit zu schaffen.

Dieses Prinzip kann den Anfang machen, all das, was in unserer Beziehung unterbewußt ist, ins Bewußtsein zu bringen. Was wir aus der Dunkelheit ans Licht bringen, kann leichter geheilt werden. Es ist auch wichtig, sich daran zu erinnern, daß ein verborgener zwischenmenschlicher Konflikt zwischen uns und unserem Partner in Wirklichkeit ein innerseelischer Konflikt ist, ein Konflikt in jedem einzelnen von uns. Beide sind dafür verantwortlich, unser Partner und wir selbst, und auf diese Weise können wir den Konflikt gemeinsam heilen. Dies gilt besonders für Menschen, die uns sehr nahestehen – ein Kind, ein Elternteil, ein Lebenspartner oder ein Freund.

Die Anwendung dieser Methode kann nicht nur die eigene Beziehung verändern, sondern auch entsprechende Veränderungen bei dem Menschen bewirken, mit dem wir nicht zurechtkommen.

Übung

Wenn es in deinem Umfeld einen Menschen gibt, mit dem du über solche Dinge sprechen kannst, dann nutze dieses Prinzip, um deine Beziehung zu erforschen. Dies kann zum aufregendsten und fruchtbarsten Gespräch werden, das du je hattest. Wenn du die Einstellung hast, daß es in deiner Beziehung keinen „Bösewicht" gibt, und wenn du auf Unschuld und Freiheit für euch beide als gemeinsames Team hinarbeitest, dann hast du eine Ebene erreicht, die wechselseitige Verbundenheit in eurer Beziehung kreiert und Inspiration und Vorbildfunktion für andere sein kann.

Falls du niemanden hast, mit dem du diese Beziehungsebene erforschen kannst, dann nimm dir ein wenig Zeit, um in die Stille zu gehen. Bitte dein Höheres Bewußtsein um Hilfe. Reinige dein Denken von allen nicht zum Thema gehörenden Gedanken und sei offen für Eindrücke, intuitive Wahrnehmungen und Gedanken, die dir in diesem Zusammenhang kommen. Nimm wahr, wie diese Gedanken in ein Muster passen, das du von früher kennst.

Hole die Gefühle wieder hoch, die du einem Menschen gegenüber empfindest, den du nicht magst. Überprüfe, ob du diese Gefühle, die du jetzt spürst, von früher kennst. Mit wem hast du diese Gefühle erlebt, und in welchem Zusammenhang? Bedeutet dies, daß ein Gefühlsmuster mindestens schon seit deiner Kindheit besteht? Wenn du dir dieses Musters bewußt wirst, bitte dein Höheres Bewußtsein darum, es für dich aufzulösen. Wenn du die volle Verantwortung für eine Erfahrung in deinem Leben übernimmst, dann kannst du dein Höheres Bewußtsein bitten, dich davon zu befreien.

Stelle dir vor, daß die Blockade zwischen dir und einem anderen Menschen verantwortlich ist für eine gewisse Distanz zwischen dir und dem Menschen, der dir am nächsten steht. Stelle dir dann vor, daß sich dein Partner mit dir in einem bestimmten Raum befindet und an seinem entgegengesetzten Ende steht. Konzentriere dich auf das

Problem mit dem anderen Menschen und frage dich, was dich von ihm fernhält. Während du anerkennst, was es ist, frage dich, ob du bereit zum Loslassen bist. Wenn du bereit bist, dann gehe einen Schritt auf deinen Partner zu. Frage dich dann, was dich von deinem Partner zurückhält. Wenn du dies anerkennst und bereit bist, es loszulassen, mache einen Schritt nach vorne. Wiederhole diesen Vorgang immer wieder, bis du deinen Partner erreicht hast und ihn umarmen kannst. Wenn dein Partner möchte, könnt ihr diese Übung gemeinsam machen und abwechselnd aufeinander zugehen.

Alternativ kannst du auch mit deinem Partner über das Problem sprechen, das mit einem anderen Menschen besteht, und zwar unter dem Gesichtspunkt, daß es einen Ort zeigt, an dem ihr noch nicht zueinander gefunden habt. Mache dies so lange, bis du dich gänzlich mit deinem Partner verbunden fühlst.

Weg 23
Auf beiden Seiten eines Konflikts handeln die Beteiligten auf entgegengesetzte Weise und fühlen das gleiche

Bei einem Konflikt kann es sein, daß die Beteiligten auf völlig entgegengesetzte Weise agieren, daß zum Beispiel einer den Unterdrücker und der andere das Opfer spielt, daß einer kämpft und der andere flüchtet oder daß einer völlig hysterisch, der andere stoisch ruhig ist. Dabei fühlen jedoch beide Beteiligten genau das gleiche, auch wenn es ihnen nicht bewußt ist. So ist zum Beispiel in einem Opfer genausoviel Zorn oder Gewalttätigkeit vorhanden wie in demjenigen, der das Opfer unterdrückt, und Angst kann sowohl Kampf- als auch Fluchtverhalten auslösen. Bei jedem Konflikt haben wir das Gefühl, im Recht zu sein, und wir kämpfen um unser Recht. Wenn wir hingegen erkennen, daß wir eigentlich genau das gleiche empfinden wie unser Gegner, dann kann daraus die Gelegenheit entstehen, sich auszutauschen, die Position des jeweils anderen zu verstehen und vielleicht sogar zu einer Vereinbarung zu kommen.

Der erste Schritt besteht im Erkennen, was wir fühlen, und in der Erinnerung daran, daß Gefühle wie Zorn eigentlich tiefere Emotionen wie Verletztheit, Angst oder Schuldgefühle verbergen. Wir mögen auf distanzierte Art handeln, um den Schmerz nicht fühlen zu müssen, doch unsere Verteidigungshaltung verrät den Schmerz. Wenn wir mit den Gefühlen, die wir durchmachen, in Kontakt kommen, haben wir eine Grundlage, zu verstehen, was der andere fühlt und warum er so handelt, wie er es tut. Wir haben dann auch eine Gesprächsbasis, da es auf beiden Seiten einen Anknüpfungspunkt gibt.

Der zweite Schritt besteht darin, das Gespräch mit dem anderen zu suchen, wo dies möglich ist. Zum Beispiel: „Hast du Angst?" oder „Ich habe mich irgendwie schuldig gefühlt, und das hat sich auf unsere Beziehung ausgewirkt. Hat es in dir auch negative Gefühle gegeben?" Oft bringt es mehr Erfolg, wenn wir unsere Gefühle mitteilen und herausfinden, ob der andere dasselbe fühlt.

Dies ist der erste Punkt, an dem wir mit dem anderen wieder in Verbindung kommen können, und es ist ein Ort, wo unser Verständnis beginnen kann, uns mehr Zuversicht zu geben. Es kann auch der Anfang dazu sein, die Selbsttäuschung aufzudecken, die in jedem Konflikt auf beiden Seiten vorhanden ist.

Übung

Versuche heute mit dem in Kontakt zu kommen, was du in einem Konflikt spürst und durchlebst. Beginne über diese Erfahrung zu sprechen und halte nach etwas Gemeinsamem Ausschau. Wenn das gefunden ist, wird keiner von euch beiden mehr den anderen als Feind betrachten. Kommunikation ist der Anfang von Vergebung. Es kann sogar Partnerschaft entstehen, wenn ihr im Gespräch gemeinsam durch diese Erfahrung hindurchgeht.

Weg 24
Erwartungen sind verborgene Forderungen

Wann immer wir frustriert oder enttäuscht sind, liegt es daran, daß wir eine Erwartung an jemanden oder etwas haben. Wir haben das Urteil gefällt, daß eine Sache anders sein sollte, als sie ist. Bei dieser Art von Reaktion handelt es sich um eine Erwartung, und Erwartungen erzeugen Streß. Eine Erwartung ist eine Form von „Sollen", „Müssen" oder „Brauchen". Erwartungen sind eine Forderung an uns selbst oder an andere Menschen.

Wenn an jemanden Forderungen gestellt werden, die ihn zwingen sollen, etwas zu tun (eine Form von Aufopferung, die kein Empfangen erlaubt), nehmen die meisten Menschen dies stillschweigend hin. Oder sie weigern sich, das Erwartete zu tun, weil sie sich unter Druck gesetzt fühlen. Das gleiche geschieht, wenn wir Forderungen an uns selbst stellen.

Wenn wir andere hingegen bitten, sie einladen oder inspirieren, öffnet dies den Fluß des Lebens, statt ihn anzutreiben oder zu erzwingen. Erwartungen blockieren jede Kommunikation, weil sie eine Form von Gewalt sind, die fordert, daß andere Menschen sich ändern oder unsere Bedürfnisse erfüllen. Dies erzeugt Widerstand und Machtkampf und bringt die Vorwärtsbewegung zum Stillstand.

Forderungen entstehen aus unseren Bedürfnissen; ein rundum heiler Mensch würde keine Forderungen stellen. Wir fordern von anderen das, was wir selbst nicht tun. Wenn wir zum Beispiel von jemandem erwarten, daß er uns liebt, dann liegt es daran, daß wir uns selbst nicht lieben und aus diesem Grund womöglich nicht einmal den anderen Menschen – und wir verwechseln dabei unsere Bedürfnisse mit Liebe. Wenn wir Forderungen stellen, statt uns für etwas zu entscheiden oder es uns zu wünschen, stoßen wir die Menschen von uns weg. Wenn wir fordern, daß andere unsere Bedürfnisse erfüllen, so deutet dies auf einen Konflikt in unserem Inneren hin. Selbst wenn wir das bekommen, was wir fordern, wird es uns nicht zufriedenstellen und uns keine Kraft geben. Nur das, was wir aus unserem Geben empfangen, vermag dies.

Erwartungen verbergen Dinge, an denen wir festhalten, und es ist dieses Festhalten, welches unser Empfangen verhindert. Alles Festhalten ist eine Form von Forderung an das Leben. Wenn wir Forderungen haben, sind wir nicht erfolgreich, und unser Leben kommt nicht zur Entfaltung. Das ist der Grund, weshalb wir früher oder später genau das verlieren, woran wir festhalten und was wir als Quelle unseres Glücks betrachten. Doch in unserem Verlust und unserer Enttäuschung liegt die Hoffnung auf ein Vorwärtskommen.

Erwartungen sind verborgener Schmerz, der früher oder später an die Oberfläche kommt und seine Last mit sich bringt. Das ist der Grund, warum Loslassen uns erlaubt, mit Leichtigkeit voranzukommen. Loslassen bedeutet nichts anderes, als anzuerkennen, daß eine Illusion uns nicht glücklich machen kann. Loslassen ist nicht gleichbedeutend mit Wegwerfen, sondern heißt einfach nur, die Dinge in die rechte Perspektive zu rücken und ins richtige Verhältnis zueinander zu setzen. Alles andere ist Illusion, und wenn wir viel Zeit und Energie in Illusionen investieren, werden wir garantiert eine Enttäuschung erleben.

Wo immer es Konflikte gibt, sind auch Erwartungen und Forderungen im Spiel. Wenn wir uns dieser Erwartungen bewußt werden, erkennen wir, daß sie den Konflikt nähren. In umgekehrter Weise kann das Loslassen unserer Erwartungen den Konflikt auf die nächste Ebene bringen, die der Heilung bedarf (die nächste Ebene der Erwartungen), es kann aber auch den ganzen Konflikt auf einmal auflösen.

Die erste der zwei häufigsten Formen des Loslassens besteht darin, das darunterliegende Bedürfnis oder den darunterliegenden Schmerz zu finden und dem Bedürfnis bzw. dem Schmerz so lange nachzuspüren, bis er sich vollständig aufgelöst hat. Die zweite Möglichkeit besteht darin, unser Bedürfnis, unseren Schmerz oder den Gegenstand unseres Festhaltens einfach in die Hände unseres Höheren Bewußtseins zu legen.

Übung

Prüfe, welches „Müssen" und „Brauchen" du in Beziehung zu anderen hast. Prüfe alles „Müssen" und „Brauchen" in deinem Konflikt mit derjenigen Person, mit der du nicht zurechtkommst. Es kann hilfreich für dich sein, wenn du dir immer wieder bestimmte Fragen stellst und abwartest, was dir intuitiv in den Sinn kommt. Du könntest dir zum Beispiel folgende Fragen stellen:

Dieser Mensch sollte _____
Dieser Mensch muß _____
Ich sollte _____
In dieser Situation sollte mein Partner _____

Eine andere Möglichkeit besteht darin zu schauen, wo es in dir Ärger oder Verurteilung gibt, denn dabei handelt es sich um Bereiche, in denen verborgene Forderungen und Bedürfnisse vorhanden sind.

Beginne den Prozeß des Loslassens dadurch, daß du die darunterliegenden Gefühle „wegbrennst", oder indem du diese Gefühle und die Dinge, an denen du festhältst, einem Höheren Bewußtsein übergibst.

Deine Bereitschaft, den nächsten Schritt zu bejahen (visualisiere den nächsten Schritt und erlaube ihm, zu dir zu kommen), kann ebenfalls deine Forderungen an dich selbst und an denjenigen Menschen, mit dem du nicht zurechtkommst, auflösen und dich somit für den Schritt auf die nächste Ebene frei machen.

Lasse jetzt diese Erwartungshaltungen los, und übergib sie deinem Höheren Bewußtsein.

Weg 25
Schuldgefühle sind nichts anderes als eine Falle

Wir Menschen fühlen uns wegen einer Vielzahl von Dingen schuldig. Im Grunde werden all unsere negativen Gefühle wie Traurigkeit, Verletztheit, Aufopferung, Bedürftigkeit und Angst auch von einem damit verbundenen Schuldgefühl begleitet. Schuldgefühle lassen uns mehr in der Vergangenheit als im gegenwärtigen Moment leben. Schuldgefühle sehen nicht den Fehler, der verbessert werden sollte; sie sehen das Schlechte im Menschen, das Bestrafung verdient und erfordert.

Schuldgefühle sind derart schmerzhaft, daß wir sie in der Regel nach draußen projizieren und andere Menschen für bestrafenswert halten. Schuldgefühle verstecken sich schnell unter Werturteilen und Beschwerden.

Schuldgefühle nützen niemandem etwas. Sie tragen nicht zur Veränderung bei, sondern halten uns in einer Falle fest. Sie sind der „Super-Kraftkleber" des Lebens. Schuldgefühle werfen uns hinein in ein Loch von Unwürdigkeitsgefühlen und Aufopferung, von Versagergefühlen, innerer Leere, Wertlosigkeit und mangelndem Engagement. Schuldgefühle wirken selbstzerstörerisch und führen zu emotionaler Verschmelzung; sie errichten einem Fehler ein Denkmal, das wir anbeten. Sie schneiden uns ab von Inspiration, Intuition und Vision. Sie sind eine persönliche Umweltkatastrophe, die auf einer gewissen Form von Arroganz und dunklem Glanz aufbaut. Sie machen uns zum Mittelpunkt der Welt und ziehen entweder alle Aufmerksamkeit auf uns, oder wir versuchen uns zurückzuziehen oder ganz zu verschwinden. Schuldgefühle sind mit einer Form von Angriff verbunden, der entweder offen gezeigt oder durch Rückzug ausgelebt wird, wobei letzterer in gewisser Weise eine genauso gewaltsame Form der Aggression darstellt wie ein aktiver Angriff.

Letzten Endes verbergen Schuldgefühle nichts anderes als Angst, denn wenn wir uns schuldig fühlen, haben wir Angst, dem nächsten Schritt ins Auge zu sehen. Wir alle haben jede Menge Schuldgefühle, doch Schuldgefühle sind nicht die Wahrheit und halten uns davon ab, zu bereuen, die Lektion zu lernen und den Fehler zu beheben. Schuldgefühle umgeben sich mit Getrenntheit, da die Schuldigen in ihrer Schuld ewig alleine sind.

Im Zusammenhang mit Menschen, die wir nicht mögen, sind unweigerlich Schuldgefühle oder andere belastende Gefühle vorhanden, und wir haben diesen Umstand als eine Falle benutzt. Weigere dich, dies weiterhin zu tun. Es ist wichtig, Schuldgefühle weder gegen sich selbst, noch gegen andere einzusetzen, und wir sollten auch nicht zuzulassen, daß andere sie gegen uns einsetzen. Schuldgefühle verdecken die Wahrheit in einer Situation. Die Wahrheit wird uns in einer Weise zu reagieren erlauben, daß die Dinge dadurch vorankommen. Sei bereit, auf den Pfad des Lebens zurückzukehren und den nächsten Schritt zu gehen. Lasse deine Entwicklung nicht durch die geringste Spur von Schuld behindern, die sich in Groll oder Verurteilung verbirgt. Lasse nicht zu, daß Bereiche, in denen wir hart arbeiten, aber keinen Fortschritt machen, Schuldgefühle verbergen und uns hemmen können. Lasse nicht zu, daß Überkompensationserscheinungen wie Aufopferung und unaufrichtiges Geben Schuldgefühle verbergen. Lasse nicht zu, daß Forderungen oder Angriffe sie verschleiern.

Wenn wir innerlich nicht rein und liebevoll sind, projizieren wir unsere Schuldgefühle nach außen und greifen andere an, um zu verdecken, was wir eigentlich über uns selbst denken. Schuldgefühle gehören zu den zerstörerischsten Kräften in unserer Welt. Die Bestrafung, die wir uns selbst auferlegen, ist niemals schwer genug, da sogar die Bestrafung dazu führt, daß wir uns schlecht und schuldig fühlen, und diese neuen Schuldgefühle verstärken wiederum das, weswegen wir uns ursprünglich schuldig gefühlt haben. Dadurch wird alle Aufmerksamkeit auf den Fehler, auf das Problem und auf uns selbst gelenkt statt auf die Lösung.

Übung

Konzentriere dich heute auf Bereiche, in denen es Schuldgefühle, Aufopferung und Vorwürfe gibt, und widme dabei den Situationen mit Menschen, die du ablehnst, besondere Aufmerksamkeit. Wenn du Bereiche findest, in denen du dich nicht gut fühlst, dann entscheide dich dafür, sie nicht als Falle zu benutzen, sondern vorwärtszugehen und im Leben wieder zu geben und zu empfangen. Sei bereit, jede Lektion zu lernen bzw. dabei jeden Fehler, den du gemacht hast, zu korrigieren. Dies kannst du durch die Kraft deiner Entscheidung erreichen.

Überprüfe jede Form der Aufopferung oder Verschmelzung im Hinblick auf dahinter verborgene Schuldgefühle. Bitte dein Höheres Bewußtsein darum, dich von der Ichbezogenheit der Schuldgefühle zu befreien, die dich von deiner wahren Mitte fernhält. Bitte dein Höheres Bewußtsein, dich zurück in deine Mitte zu bringen, damit du die Wahrheit erkennen kannst. Deine Mitte ist ein Ort des Friedens und der Unschuld.

Sei bereit, deine Klagen und die darunter verborgenen Schuldgefühle loszulassen, um voranzukommen. Entscheide dich dafür, diese Vorwürfe loszulassen, um dein Leben und deine Beziehungen zu verbessern. Wenn du deine Klagen über andere losläßt, werden dadurch auch die unterbewußten Schuldgefühle zum Verschwinden gebracht, die dafür sorgen, daß du dich schlecht fühlst, und die schmerzliche Erfahrungen hervorrufen, mit denen die Schuld abgezahlt werden soll.

Weg 26
Akzeptanz heilt Konflikte

Wo immer es zum Konflikt kommt, gibt es etwas, was wir nicht akzeptieren wollen. Es ist eigentlich unsere Ablehnung bzw. unser Widerstand, die Gefühle der Verletztheit und des Zurückgewiesenwerdens erzeugen, und was wir ablehnen, bleibt natürlich hartnäckig bestehen. Unser Widerstand verhindert, daß sich die Konfliktsituation verändern oder entfalten kann. Wir sind paradoxerweise so lange in genau dem eingeschlossen, was wir verabscheuen, bis wir es akzeptieren. Wenn wir aufhören, einen anderen Menschen ändern zu wollen, und ihn entweder so annehmen, wie er ist, oder das tun, was für uns richtig ist, dann wird sich der Mensch bzw. die Situation verändern.

Konflikt ist ein Kampf um die Position des Herrschenden und die Position des Opfers. Sogar dann, wenn wir selbst das Opfer sind, versuchen wir einen anderen Menschen zu zwingen, daß er mehr opfert als wir.

Wenn wir die Situation annehmen, kann sie in Bewegung kommen und sich zum nächsten Schritt hin entfalten und entwickeln. Doch viele Menschen haben Angst, daß die Situation unverändert weiterbestehen könnte, wenn sie die Lage akzeptieren. Doch nur unser Widerstand und unsere Aufopferung lassen eine schmerzliche Situation weiterbestehen. Aufopferung ist eine Form des Verlierens in einem Konflikt, mit der man zeigen will, daß man selbst der „moralisch bessere" Mensch ist, oder mit der man durch das eigene momentane Verlieren andere langfristig noch mehr verlieren lassen will. Durch Annehmen hingegen kann sich die äußere Situation entfalten, indem wir die abgespaltenen Teile unseres Geistes integrieren, die zum Entstehen des äußeren Konfliktes beigetragen haben.

Nehmen wir beispielsweise ein Szenario, vor dem viele Menschen Angst haben – das eines persönlichen Schicksalsschlages. Wenn wir ihn nicht akzeptieren, bleibt der Schmerz der Tragödie bei uns, bleibt ewig lebendig und ist niemals weit aus unserem Bewußtsein entfernt. Wenn wir jedoch akzeptieren, was geschehen ist, sind wir in der Lage, einen großen Sprung in unserer Bewußtseins- und Bewußtheitsentwicklung zu machen. In der Tat wird dein Vorwärtssprung auf dem Pfad des Lebens um so größer sein, je schlimmer der Schicksalsschlag war. Bei vielen dieser tragischen Ereignisse handelt es sich in Wirklichkeit um Initiationen, um Wiederholungen früherer Lebensthemen oder um schamanische Prüfungen, welche die Kraft besitzen, dich entweder umzubringen oder weise werden zu lassen. Akzeptanz erlaubt dir, die Prüfung zu bestehen. Was akzeptiert wird, wird gleichzeitig integriert, und damit hat die Lektion ihren Zweck erfüllt. Umgekehrt handelt es sich bei dem, was wir an anderen nicht akzeptieren, niemals um das, was wir nicht akzeptieren zu können glauben, sondern um das, was wir an uns selbst nicht akzeptieren.

Da Konflikte auf Selbsttäuschung beruhen, erkennen wir einen Konflikt in der Regel erst dann, wenn wir mitten drin stecken. Üblicherweise führt diese Selbsttäuschung in einer solchen Situation zu Rechthaberei, da wir unseren eigenen Anteil daran nicht erkennen. Der Konflikt ist eigentlich eine Gelegenheit, in uns verborgene Elemente zu heilen und in jenen Bereichen zu wachsen, in denen wir bisher geradezu unsichtbar klein zu sein schienen (wie im Falle des Menschen, mit dem wir nicht zurechtkommen).

Unser Groll in einer solchen Situation läßt uns ängstlich bleiben, denn wenn wir andere angreifen, haben wir Angst vor einem Gegenangriff. Wir könnten vollkommen sicher sein, wenn wir all unsere Klagen und Vorwürfe aufgeben würden. Eine liebevolle, innerlich reine Haltung öffnet der Gnade die Tür; eine liebevolle Haltung macht uneingeschränktes Geben und Empfangen möglich. Eine liebevolle und innerlich reine Haltung fördert alle wahre Entwicklung und läßt uns die wechselseitige Verbundenheit aller Dinge bewußt erkennen.

Unsere Klagen in einer Situation blockieren die Inspiration und unser Höheres Bewußtsein. Der Lärm unseres Angriffs und unserer Rechthaberei läßt keinen Platz für die intuitive Antwort, welche die Situation für alle Beteiligten lösen würde, nicht nur im jetzigen Moment, sondern für alle Zeit. Die Kraft unseres Höheren Bewußtseins, zu heilen und Lösungen zu finden, wird durch unseren Schmerz blockiert. Schmerz zeigt sich in Form von Widerstand, emotionaler Erpressung und Aufopferung, die ein Weg ist, jetzt zu verlieren, um später zu gewinnen. Dieser Versuch, auf dem Wege des Wettkampfs zu gewinnen, führt dazu, daß wir unser Höheres Bewußtsein ausschließen und uns auf uns selbst verlassen, um zu gewinnen. Mit unserem Höheren Bewußtsein zu arbeiten bedeutet, die Antwort auf ein Problem zu finden, sobald wir bereit sind, sie anzuhören.

Akzeptanz erlaubt uns zu empfangen, während ein Konflikt das Empfangen blockiert. Das Annehmen einer Situation erlaubt uns gleichermaßen das Annehmen der Heilung, der Gaben und der Gnade, die in der jeweiligen Situation dargeboten werden.

Übung

Denke heute an einen Menschen, den du nicht magst, und halte nach Elementen Ausschau, an denen du festhältst und die du bisher nicht loszulassen bereit warst. Überlege, was du dich weigerst anzunehmen und worüber du lieber streiten würdest. Erkenne an, was du dadurch verlierst, daß du dies nicht annimmst (zum Beispiel über der Situation stehen; die Weisheit und die Kraft, erfolgreich aus dieser Situation hervorzugehen; Verlust des Kontaktes mit deinem Höheren Bewußtsein und damit auch der Verlust seiner Fähigkeit, eine Lösung zu finden, die beide Beteiligten in scheinbar ausweglosen Situationen gewinnen läßt; Erlösung von der Angst in Situationen wie dieser etc.).

Triff eine neue Entscheidung in bezug auf das, was du jetzt willst.

Schaue auf dein Leben zurück und suche nach Situationen, die immer noch weh tun oder sich unangenehm anfühlen. Gehe nun diese Übung noch einmal Schritt für Schritt durch, schreibe auf, was du verloren hast und was du jetzt möglicherweise gewinnen könntest, wenn du die Situation akzeptierst. Mache dies so lange, bis du diese Situationen akzeptieren kannst und dich von ihnen mit Energie und Kraft versorgt fühlst.

Bitte bei allen Situationen, von denen du das Gefühl hast, sie nicht annehmen zu können, um die Hilfe deines Höheren Bewußtseins.

Weg 27
Unsere Lebensaufgabe wartet auf uns

*U*nser Konflikt lenkt uns von unserem persönlichen Lebensziel und unserer Entfaltung ab. Der Dienst am Nächsten und die Evolution der Welt werden im Drama eines Konflikts für uns zur Nebensache. Oft rufen wir einen Konflikt hervor, weil wir Angst vor unserer persönlichen Lebensaufgabe haben und daher versuchen, uns selbst von ihr abzulenken.

Ablenkungen und Fallen gibt es in Hülle und Fülle. Sie lenken unsere Aufmerksamkeit ab von dem, was wirklich wichtig ist und wahrhaft zu unserem Glück beitragen würde. Der momentane Konflikt ist eine solche Ablenkung. Er schneidet uns von der Inspiration und Intuition ab, die uns den Weg durch den Konflikt zeigen würden. Der Konflikt läßt uns den Schwerpunkt auf Rechthaberei und Beherrschung legen anstatt auf die Wahrheit. Im Schmerz und der Kampfbesessenheit verpassen wir die einfachen Freuden und erkennen nicht mehr die Bedeutung unserer Partner, Kinder, Familien und sozialen Gemeinschaften sowie unseres spirituellen und seelischen Wachstums.

Unsere Lebensaufgabe ist niemals größer als das, was wir bewältigen können, obwohl der Gedanke daran zuweilen gleichzeitig aufregend und beängstigend sein mag. Bei unserer Lebensaufgabe geht es nicht unbedingt um Dinge, die wir *tun*, obwohl sie ein Bestandteil von ihr sein können. Sie ist das, was wir *sind*; ein Aspekt unseres Seins, der in die Welt hinausstrahlt. Angst vor der eigenen Bestimmung ist die Ursache, die den meisten Konflikten, Problemen, Fallen und Ablenkungen zugrunde liegt. Da wir Angst haben, nicht „groß" oder zuversichtlich genug zu sein, um etwas Bedeutungsvolles zu tun oder unsere Lebensaufgabe zu erfüllen, erschaffen wir traumatische oder problematische Situationen, um das wahrhaft Wichtige und unsere Lebensaufgabe zu blockieren. Bei unserer Lebensaufgabe geht es ums Glücklichsein. Wenn wir nicht glücklich sind, beginnt unsere Lebensaufgabe mit Vergebung, mit einer innerlich reinen und liebevollen Haltung, mit Heilung und Dienst am Nächsten, wodurch Glücklichsein erreicht werden kann. Darüber hinaus geht es bei unserer Lebensaufgabe um jene Tätigkeit oder Aufgabe, die nur wir erfüllen können. All diese Aspekte führen zu Glück und Erfüllung. Wenn wir unsere Konflikte in etwas verwandeln wollen, was unsere persönliche Lebensaufgabe und das Ziel der Welt stärkt, so verlangt dies von uns, daß wir uns eine innerlich reine Haltung zu eigen machen und uns der Heilung des Problems widmen.

Die meisten persönlichen Probleme verschwinden, wenn ein Mensch sich seiner persönlichen Lebensaufgabe und dem daraus entstehenden Dienst am Nächsten widmet. Das liegt daran, daß die meisten Probleme einfach nur als Verschwörung dienen, um die eigene Lebensaufgabe nicht leben zu müssen. Unsere engsten Beziehungen sind von entscheidender Bedeutung für die Erfüllung unserer Lebensaufgabe. Sie geben unserem Leben einen Sinn und bringen Energie in unser Leben. Was wahrhaft bedeutsam ist, verschönert das Leben, hat verjüngende Wirkung und birgt Ermutigung in sich, und zwar sowohl für unsere persönliche Entwicklung als auch für die Evolution der Welt. Dennoch kann es sich bei dieser Lebensaufgabe um etwas so Einfaches und gleichzeitig Tiefgehendes handeln, nämlich zum Beispiel jedem Menschen, mit dem wir in Kontakt kommen, so liebevoll wie möglich zu begegnen.

> Die eigene Lebensaufgabe leben heißt,
> den Abgrund überspringen, hin zur Liebe,
> und eine Brücke hinterlassen,
> auf der andere folgen können.
>
> Chuck Spezzano, *Die Götter erwecken*

Das Leben unserer Lebensaufgabe ermöglicht einen visionären Seinszustand. Es handelt sich dabei um eine Ebene der Liebe und Kreativität, die eine positive Zukunft, ein erweitertes bewußtes Wahrnehmungsvermögen und eine Begeisterung für das Leben und andere Menschen erschafft.

Die meisten Menschen scheuen vor ihrer Lebensaufgabe zurück, aus Angst vor dem, was sie tun müssen, oder aus Angst, etwas zu verlieren, an dem sie festhalten. Doch Vision ist nichts, was wir tun müssen, sondern etwas, was durch uns getan wird. Vision ist eher das Gefühl, daß das Leben uns lebt, als daß wir das Leben leben. In der Vision fühlen wir uns in Bestform.

Darüber hinaus ist das, was wir loszulassen fürchten und was uns von unserer Lebensaufgabe abhält, eine Verhaftung, die wir loslassen müssen, wenn sich das Leben entfalten und vorankommen soll. Wenn wir an etwas festhalten oder Bedürfnisse haben, versuchen wir zu bekommen oder zu nehmen, anstatt zu empfangen. Es blockiert unsere Fähigkeit, selbstsicher, vertrauensvoll, offen und empfänglich zu sein. Es verwechselt Besitzen-Wollen mit Liebe. Woran wir festhalten, kann uns niemals glücklich machen; es verdammt uns zu unerfüllten Träumen und Enttäuschung. Was wir durch Festhalten suchen, können wir nur finden, indem wir unsere Lebensaufgabe leben.

Deine Lebensaufgabe zu leben heißt, das Versprechen einzuhalten, das du gabst, bevor du auf die Erde kamst. Sie ist deine Erfüllung.

Übung

Entscheide dich heute dafür, dich nicht durch einen Menschen, mit dem du nicht zurechtkommst, zurückhalten oder von deiner Lebensaufgabe ablenken zu lassen. Bitte deine Höheres Bewußtsein darum, dir deine Lebensaufgabe zu zeigen bzw. wenigstens den nächsten Schritt deiner Lebensaufgabe. Betrachte dein Vergeben in diesem Konflikt als Teil deiner Lebensaufgabe. Sei bereit, der Welt zu dienen, und wenn es nur dadurch geschieht, daß du dein Bewußtsein erweiterst. Wenn du einen Schritt nach vorne machst, Begrenzungen überschreitest und dich für eine neue Ebene öffnest, kann Gnade in dich und andere Menschen auf der ganzen Welt einfließen, die sich in einer ähnlichen Situation befinden. Wenn du deine Lebensaufgabe lebst, beginnst du Einblick in den Plan und das Ziel der Welt zu erhaschen, die sich zusammen mit dir entfalten und entwickeln.

Die meisten Probleme und Verletzungen in deinem Leben sind vorhanden, um deine Lebensaufgabe zu verbergen; die Lösung dieser Probleme und Muster hilft hingegen, sie zu enthüllen und zu erfüllen. Entscheide dich dafür, daß dieses wertvolle Geschenk und Mittel zur inneren Erfüllung nicht länger vor dir verborgen bleiben soll. Entscheide dich dafür, dich selbst und dein Geschenk an das Leben zu erkennen. Entscheide dich dafür, deine Rolle im sich entfaltenden Weltplan und Weltziel zu erfahren.

Weg 28
Die Menschen, die wir ablehnen, sind gekommen, um uns zu retten

*H*eute wollen wir uns einem etwas fortgeschritteneren Konzept widmen, das sich unserem Konflikt aus einer neuen Perspektive nähert. Wenn wir unsere Perspektive ändern, verändert sich unsere Wahrnehmung, und somit ändert sich auch die Situation selbst. Auf einer gewissen Ebene ist alle Heilung eine Veränderung unserer Sicht der Dinge.

Die Streitsituation, in der wir uns mit jemandem befinden, hat sich Stück für Stück verändert. Das liegt daran, daß viele unserer Konflikte vielschichtig sind, und manchmal sind wir wegen einer ganzen Reihe verschiedener Dinge verärgert oder im Konflikt. Deshalb bietet dieses Buch auch fünfzig verschiedene Wege an. Dadurch wird es möglich, durch die meisten langwierigen Konflikte Schicht für Schicht hindurchzugehen. Während bereits jede einzelne Lektion einen Konflikt auf einmal auflösen könnte, bieten die vorliegenden fünfzig Kapitel einen Weg (ein Mindestmaß an Bereitschaft vorausgesetzt), durch die einzelnen Schichten der kompliziertesten Konflikte hindurchzugehen.

Um unsere Perspektive zu ändern, werden wir bereit sein müssen, unser Bedürfnis nach Rechthaberei aufzugeben. Wir können nicht gleichzeitig recht haben und Heilung erfahren. Die Änderung unserer Perspektive ist die Basis für eine erfolgreiche Lösung der Situation. Dies erfordert die Bereitschaft, ein williger Lernender zu sein, ja sogar ein glücklicher Lernender.

Unsere Rechthaberei sagt aus, daß es für uns nichts mehr zu lernen gibt, daß der Fall abgeschlossen ist und wir die fertige Antwort besitzen. Das Problem bei der Rechthaberei liegt darin, daß wir seit unserem Entschluß, mit unserer Meinung im Recht zu sein, in der Situation feststecken, so wie sie ist. Doch wenn wir bereit sind, uns auch einmal zu irren, dann gibt es unzählige Möglichkeiten, die sich entfalten können.

Die heutige neue Perspektive entsteht dadurch, daß wir die Menschen, die wir ablehnen, unter dem Aspekt betrachten, daß sie für unsere Rettung verantwortlich sind. Sie sind gekommen, um uns zu retten und uns die Gelegenheit zu geben, einen Konflikt in unserem Inneren zu klären, der an uns genagt, unsere inneren Kräfte aufgezehrt und unser Vorwärtskommen durch eine unsichtbare Wand blockiert hat, die unsere größten Anstrengungen zu ihrer Überwindung vereitelt hat. Jetzt ist unser innerer Konflikt ans Licht gekommen. Wenn wir nicht auf die Illusion hereinfallen, daß es sich dabei lediglich um das Problem oder den Fehler eines anderen handelt, kann uns das Glück der bewußten Wahrnehmung zuteil werden, daß wir selbst ein Problem haben und worin es besteht. Uns kann gezeigt werden, was und wieviel wir heilen und wieviel wir loslassen müssen. Damit ist bereits die halbe Schlacht gewonnen, und wir wissen, woran wir arbeiten müssen.

Um es noch einmal zu sagen: Bei jedem Versuch, einen Menschen, mit dem wir nicht zurechtkommen, durch aktive oder aggressive Mittel ändern zu wollen, handelt es sich in Wahrheit um die Leugnung unserer eigenen Verantwortung, und das macht uns unfähig, die Situation zu verändern. Jeder Versuch, den anderen zu bestrafen, indem wir uns zurückziehen oder ihn durch negative Emotionen gefühlsmäßig erpressen, verschleiert die Tatsachen und beeinträchtigt unsere Fähigkeit, die Situation zu transformieren. Jeder Versuch, die Situation zu manipulieren, führt dazu, daß wir diese goldene Gelegenheit verpassen. Wenn wir angesichts dieses Angriffs oder Problems eine reine und liebevolle innere Haltung bewahren, läßt uns dies persönlich reifen. Selbst wenn es sich bei dem Menschen, mit dem wir nicht klarkommen, um den schlimmsten Menschen auf Erden handelt, können wir uns durch eine liebevolle Haltung und Vergebung immer noch beträchtlich weiterentwickeln, wenn wir uns dafür entscheiden, uns nicht zum Opfer zu machen und höchstwahrscheinlich die Beziehung zu diesem Menschen nicht aufrechtzuerhalten. Anstatt uns aufzuregen oder zornig zu werden, wenn wir an ihn denken, können wir uns dafür entscheiden, ihm Segen, Liebe oder Licht zu schicken, was uns schnell und erfolgreich in die Lage versetzt, sowohl dem betreffenden Menschen als auch dem gesamten Planeten zu helfen.

Ein anderer großer Vorteil, der sich aus Situationen mit Menschen ergibt, mit denen wir nicht zurechtkommen, besteht darin, daß durch „sein Problem" unsere Schuldgefühle in den Blickpunkt kommen. Das bedeutet in anderen Worten, daß das, was ansonsten schwer faßbar und unterbewußt ist, nun offen zutage gefördert wird. Um es noch einmal zu wiederholen: Nur wer sich schuldig fühlt, verurteilt andere, und nur wer sich selbst anklagt, klagt andere an. Doch an dieser Stelle bieten wir durch unsere Vergebung dem anderen Hilfe an, anstatt ihn zu verdammen. Indem wir Hilfe anbieten, befreien wir den anderen von unserer Projektion und höchstwahrscheinlich auch von den Projektionen Dritter. Wir befreien damit auch uns selbst. Wenn wir den anderen durch unsere Vergebung und unsere liebevolle, reine Haltung aus diesem Konflikt befreien, wird er uns in einem Maße Unterstützung gewähren können, das wir niemals vermutet hätten. Wenn wir den anderen retten, kann er eine Kehrtwendung machen und uns erretten. Mit jedem vergebenen Groll kann der Mensch, mit dem wir nicht zurechtkommen, in unseren Augen immer schöner werden. Wo Vergebung und Liebe herrschen, gibt es nur Schönheit. Um es noch einmal zu sagen: Durch unsere Vergebung verändert sich die Art und Weise, wie wir den anderen wahrnehmen und erleben. Mit dem Loslassen unserer Schuldgefühle sehen wir den anderen klarer, und er wird auf diese Klarheit und Projektionsfreiheit reagieren.

Um das Thema zu verdeutlichen, wollen wir noch einmal das Ganze übertreiben und ein „aus der Luft gegriffenes" schlimmstmögliches Szenario betrachten. Nehmen wir an, der Mensch, mit dem wir nicht zurechtkommen, sei der Teufel persönlich, der einzig und allein aus der Hölle zu uns geschickt wurde, um uns das Leben schwer zu machen. Vergebung und eine liebevolle Haltung würden seine Bösartigkeit neutralisieren, sie würden dem Teufel die Kraft nehmen, uns zu schaden, und ihn auf einen Pfad der Entwicklung bringen, den er am Anfang vielleicht hassen mag, später aber schätzen wird. Kontinuierliche Vergebung würde die Transformation weitergehen lassen. Das Böse hat nur durch unsere eigenen negativen Gedanken oder Angriffe Zugriff auf uns.

Die Lösung von Konflikten beseitigt Streß, schenkt uns immer mehr wahres Glück, verbessert unsere Gesundheit, macht uns für das Vorankommen frei und läßt uns ohne Anstrengung mehr empfangen, sie verschafft uns ein Gefühl von mehr Wohlbefinden und sorgt für mehr Klarheit, Zuversicht und zwischenmenschliche Nähe. Sie kann die Angst verringern und uns ein größeres Gefühl der Schuldlosigkeit vermitteln. Diese Liste ist noch lange nicht vollständig, doch sie kann uns eine Vorstellung vom Nutzen einer heilsamen Konfliktlösung vermitteln.

Übung

Erkenne heute, daß du dich dafür entscheiden kannst, Konfliktsituationen anders zu betrachten und an einer Änderung deiner Wahrnehmung (die deine Projektion ist) mit ganzem Einsatz zu arbeiten. Engagiere dich dafür, dich und die anderen Beteiligten aus dem kleinen Stückchen Hölle zu erlösen, das jeder Konflikt beinhaltet.

Erkenne, daß es sich bei deinem Groll einfach nur um die Überzeugung handelt, du wüßtest, was in der Situation vor sich geht und richtig ist. Die Annahme, auf allen Ebenen des Prozesses und der Entfaltung dies zu wissen, ist zweifellos arrogant. Doch deine Vergebung und deine liebevolle innere Haltung rücken die Dinge wieder in die richtige Perspektive und lassen dich klar sehen. Entscheidung, Engagement und eine entsprechende innere Haltung sowie ständiges Sich-Entscheiden für deinen Weg, das ist alles, was für Veränderung notwendig ist.

Entscheide dich dafür, dich selbst und andere durch deine liebevolle, reine Haltung und deine Vergebung zu befreien. Wenn es dir schwerfällt, dann bitte dein Höheres Bewußtsein darum, dies für dich zu vollbringen.

Weg 29
Über die Bedeutung von Verurteilung

Verurteilung ist von Natur aus unaufrichtig, da sie auf unseren Schuldgefühlen basiert. In anderen Worten: Wir verurteilen andere nur dann, wenn wir uns selbst in irgendeiner Hinsicht schlecht fühlen. Wenn wir verurteilen, sehen wir nie das ganze Bild, weshalb unser Bild dann auch niemals korrekt ist. Im Grunde verurteilen wir nur unsere eigenen Selbstkonzepte und unsere eigenen negativen Überzeugungen, durch deren Filter wir die Welt wahrzunehmen versuchen.

Verurteilung blockiert die Inspiration, die Gnade und unser Höheres Bewußtsein. Wir haben uns bereits einen Sündenbock ausgesucht und unsere eigene Verantwortung geleugnet. Je mehr wir verurteilen, desto schlechter fühlen wir uns. Dies wird auf einfache Weise deutlich, wenn wir bewußt wahrnehmen, wie wir uns fühlen, wenn wir über einen Menschen bzw. eine Situation urteilen.

Wir brauchen lediglich an einen Menschen zu denken, den wir verurteilen, und darauf zu achten, wie wir uns fühlen, während wir über ihn urteilen. Wenn wir beobachten, was mit unserer Energie geschieht, werden wir feststellen, daß unsere Verurteilung uns buchstäblich erschöpft.

Wir kompensieren unsere Schuldgefühle dadurch, daß wir uns Ideale aufbauen. Anschließend verurteilen wir jeden Menschen, der nicht nach diesen Idealen lebt. Manche Menschen sind so sehr in dieser frühen Entwicklungsstufe gefangen, daß sie ihre Religion oder politische Überzeugung zur Kompensation machen, die sie retten soll. Es handelt sich dabei um eine Ebene, auf der die extremeren Formen des Fundamentalismus und des Kommunismus gefangen sind. Jeder Mensch, der nicht diesen Überzeugungen entsprechend lebt, wird dann des Todes oder der Hölle für wert befunden.

Um mit anderen Menschen zurechtzukommen, müssen wir unsere Werturteile aufgeben. Tun wir dies nicht, so werden wir die anderen für das bestrafen, wessen wir uns schuldig fühlen. Wenn wir urteilsfrei sind, werden wir das negative Verhalten anderer Menschen einfach nur als einen Hilfeschrei wahrnehmen und auf diesen Ruf eingehen. Wenn wir unsere Verurteilung loslassen, wenn wir anderen helfen, lösen wir unsere eigenen irrigen Schuldgefühle auf, mit denen wir uns selbst angegriffen haben. Wenn wir unsere Urteile über andere Menschen loslassen, werden sie wachsen und sich entfalten, um bessere Menschen zu werden. Anderenfalls wird unsere Verurteilung kontinuierlich die Fehler der anderen verstärken. Die Welt ist unser Spiegel. Auf einer gewissen Ebene tun wir nichts anderes, als mit dem Finger unserer Verurteilung auf uns selbst zu zeigen.

Ohne Verurteilung gäbe es keine Trennung, sondern der menschlichen Natur entsprechende Freundschaft und Verbundenheit mit anderen. Eine solche auf Zusammenarbeit basierende Beziehung wäre geprägt von Zusammenwirken, Fülle und Glück, ganz gleich, ob es sich dabei um die Beziehung zu einem Bekannten, einem Arbeitskollegen oder einem Familienmitglied handelt.

Wenn wir von all unseren Werturteilen frei wären, könnte unser inneres Licht leuchten und sein Lichtschein nach außen dringen. Wir wären erleuchtet und würden uns selbst als reine Liebe und Willen unseres göttlichen Geistes erkennen. Wir würden uns als Teil *all dessen, was ist* sehen, und wir würden die Ekstase der Vereinigung und des Einsseins erfahren.

Wir meinen, daß wir ohne die Werturteile unseres Egos hilflos wären, doch es ist ähnlich wie bei einer Rose, die sich mit ihren Dornen schützt. Unser Ego hat seinen eigenen Plan, in den es mit Angst, Schuldgefühlen und Wettbewerbsdenken investiert, um die Trennung und seine eigene Identität aufrechtzuerhalten. Die Verurteilungen des Egos führen zu Selbstaggression und Tod. Statt dessen könnten wir das Urteilsvermögen und die Unterscheidungskraft unseres Höheren Bewußtseins die nötigen Entscheidungen treffen und die notwendigen Veränderungen durchführen lassen, um eine Situation zu schaffen, in der alle Beteiligten erfolgreich sein können, ohne daß irgend jemand etwas opfern muß. Wenn das Ego urteilt, muß ein anderer ein Opfer bringen. Wenn wir über einen Menschen urteilen und beschließen, daß er entweder gut oder schlecht ist, fühlen wir uns unverzüglich von ihm zum Opfer gemacht. Es ist jedoch nur unser eigenes Urteil, das uns zum Opfer macht.

Übung

Setze dich heute mit ganzer Kraft dafür ein, deine Urteile aufzugeben.

Erkenne zuallererst, daß die Menschen, die du verurteilt hast, deine Hilfe brauchen. Deine Verurteilung gibt dir das Gefühl, dich aufzuopfern. Dein Segen würde euch beide segnen. Dein Eingehen auf seine Bedürfnisse würde euch beide befreien.

Denke nun in einem zweiten Schritt an den Menschen, der dir das Leben wirklich schwerzumachen scheint. Vielleicht hast du ja bereits an diesen Menschen gedacht. Nimm dir in Ruhe einen Moment Zeit und frage dich: „Was braucht er?" Wenn du zum Beispiel einen Freund hast, der dir allmählich auf die Nerven geht, und du dich fragst, was er braucht, werden dir vielleicht Worte wie Liebe, Unterstützung, Ermutigung, Aufmerksamkeit, Verständnis oder Vergebung in den Sinn kommen. Stelle dir dann vor, daß du ihm das gibst, was dir soeben eingefallen ist – und zwar nicht nur auf einer oberflächlichen Ebene, sondern lege deine Energie in dein Geben hinein, und lenke es direkt in sein Herz und seinen Geist.

Mache dies auf möglichst vielen Ebenen. Es wird euch beide befreien. Wenn du lernst, die in anderen wahrgenommenen Bedürfnisse zu erfüllen, anstatt über andere Menschen zu urteilen, gibt es keine Situation mehr, die nicht verwandelt werden könnte.

Weg 30
Die Angst vor Nähe

*K*ampf, Wettbewerb, Trennung, Rollen, Gefühle der Öde und Erstarrung, Werturteile und Groll, sie alle gehen mit der Angst vor Nähe einher.

Dies bedeutet, daß die Angst vor Nähe in einigen Fällen die Wurzel des Problems darstellt und an den meisten Problemen zumindest beteiligt ist. Da wir das Gefühl haben, für die Nähe der Intimität nicht gut genug zu sein, erschaffen wir Probleme, um für eine gewisse Distanz zu sorgen. Wir haben das Gefühl, daß der andere – würde er uns wirklich kennenlernen – uns nicht mögen würde, weil er dann wüßte, wie schlecht oder unzulänglich wir sind. Verschmelzung und Aufopferung sind Fallen des Egos, die sich den Schein zwischenmenschlicher Nähe geben, die aber eine Täuschung sind, da sie weiterhin für eine Aufrechterhaltung der Distanz zwischen uns und anderen sorgen. Wir können sogar den Kampf mit einem Menschen, der uns weniger nahesteht, für die Aufrechterhaltung einer gewissen emotionalen Distanz zwischen uns und unserem Partner benutzen. In anderen Worten ist mangelnde Verbundenheit in unseren Beziehungen ein Hinweis auf ein äußeres Trauma. Dasselbe trifft auf unsere Probleme zu. Wir benutzen sie als ein Mittel, um Distanz zu schaffen, ohne dabei den Anschein zu erwecken, daß wir uns von unseren Mitmenschen entfernen.

Wo Trennung ist, herrschen auch Angst, Schuldgefühle und Verurteilung. Wenn wir urteilen, distanzieren wir uns von anderen und zeigen damit, daß wir bessere Menschen sind als diejenigen, die wir verurteilt haben. Dadurch werden Machtkampf, Wettbewerb, Kontrolle und Vergleichsdenken in Gang gesetzt, allesamt Mittel, die uns gewinnen oder verlieren lassen, die uns hämisch oder schadenfroh machen oder uns leiden lassen, all dies jedoch niemals auf derselben Ebene wie der andere und niemals mit ihm gemeinsam. Nur Gleichberechtigung ermöglicht zwischenmenschliche Nähe und Gegenseitigkeit. Zwischenmenschliche Nähe bedeutet, keine Angst davor zu haben, sich mit dem anderen zu verbinden und ihm nahe zu kommen. Unsere Fähigkeit, uns mit einem anderen Menschen zu verbinden und auf seine Nähe einzulassen, kann die größte Freude auf Erden bringen. Auf ihren tiefsten Ebenen kann zwischenmenschliche Nähe ein Gefühl des Himmels auf Erden entstehen lassen. Diese Gefühle können so tiefgehend sein, daß sie zu vorübergehenden Erfahrungen des Einsseins und der Erleuchtung führen. Menschliche Nähe ist eines der großartigsten Geschenke des Lebens, das uns Verbundenheit und Lebenssinn beschert. Wir erlangen zwischenmenschliche Nähe im selben Maße, wie wir Partnerschaft und Erfolg erreichen.

Die Angst vor Nähe gehört zu den großen Ängsten der Menschheit. Sie bringt Beziehungen zum Stocken und verhindert ihr Tieferwerden. Zwischenmenschliche Nähe ist die Bereitschaft, der Mut, das Sich-Verbinden und das Engagement, das Beziehungen enger werden läßt und gleichzeitig eine Schicht der Angst heilt. „Fürchtet euch nicht" ist das in der Bibel am häufigsten auftauchende Leitwort. Jedermann spricht heutzutage von der Angst, sich verbindlich einzulassen, doch diese Angst beruht auf der Angst vor Nähe und auf der Überzeugung, daß wir der kontinuierlichen Aufmerksamkeit einer langfristigen Beziehung nicht wert sind. Wenn du dich selbst nicht genug wertschätzt und glaubst, Nähe und verbindliches Engagement nicht verdient zu haben, dann wirst du auch andere nicht wertschätzen können.

Dann werden die Probleme, die wir mit einem Menschen in unserem Leben haben, zu einer guten Entschuldigung, zu einer Verzögerungstaktik und einer Ablenkung, damit wir uns nicht mit unserem Partner oder einem anderen Menschen in vertrauensvoller Nähe zu verbinden brauchen.

Übung

Stelle dir für diese Übung den Menschen vor, der dir am nächsten steht. Wenn du keinen Liebespartner hast, dann nimm dafür deinen besten Freund oder das Familienmitglied, das dir am nächsten steht. Du kannst diese Übung auch mit deiner potentiellen wahren Liebe machen, die sich auf dem Weg zu dir befindet, die aber noch nicht in Erscheinung getreten ist.

Stelle dir vor, daß dieser Mensch zwar bei dir, aber getrennt von dir ist. Diese Distanz ist so groß wie deine Angst vor Nähe. Wieviele Schritte seid ihr voneinander entfernt? Frage dich, was dir am ande-

ren, an der Beziehung, an menschlicher Nähe Angst macht. Wenn du die Antwort gefunden hast, dann frage dich, ob du bereit bist, diese Angst loszulassen, damit der andere näher kommen kann. Wenn du bereit dazu bist, dann lasse die Angst gehen und sieh, wie dein Partner einen Schritt auf dich zu kommt. Während er einen Schritt näher kommt, frage dich, was dir nun an ihm Angst macht. Was immer dir dazu in den Sinn kommen mag, frage dich, ob du bereit bist, es loszulassen. Wenn du nicht bereit bist, es loszulassen, dann spüre die Angst und lasse sie immer größer werden, bis sie hinwegzuschmelzen beginnt. Wenn neue Gefühle hochkommen, die zu beängstigend sind, als daß du sie loslassen könntest, mache einfach weiter damit, diese Gefühle zu spüren und Stück für Stück zu übertreiben, während du sie hinwegschmelzen läßt. In anderen Worten: Indem du die Erfahrung künstlich verstärkst, treibst du die negativen Gefühle aus, wodurch diejenigen Gefühle, die du tatsächlich durchlebst, unbedeutend werden und mit der Zeit verschwinden.

Obwohl einer der einfachsten Wege, durch eine Angst hindurchzugehen, einfach darin besteht, sie loszulassen, kann es dir zusätzlich helfen, wenn du dir dabei einen Engel oder einen Freund vorstellst, der dich als „flügelloser Engel" darin unterstützt, diese Gefühle loszulassen. Dabei kann es sich um einen Menschen handeln, den du kennst, oder es kann auch ein einfaches inneres Bild von einem Engel sein. Mit jedem Loslassen wird der Mensch, der dir gegenübersteht, näher auf dich zukommen, bis ihr euch beide umarmen und miteinander verbinden könnt.

Weg 31
Bekommen oder Zurechtkommen

*I*n diesem Kapitel geht es wieder einmal um unsere inneren Einstellungen und darum, wie sie unsere Fähigkeit beeinflussen, mit anderen Menschen zurechtzukommen. Unsere Einstellungen können ein Aspekt unserer selbst sein, der uns zurückhält, allerdings sind sie manchmal mehr verborgen als offensichtlich. Wir haben zu vielen Dingen eine gewisse Einstellung. Manche dieser inneren Haltungen verbergen wir vor uns selbst, so zum Beispiel die Einstellung, in welche Richtung unser Leben gehen soll; sie entsteht daraus, daß wir viele Entscheidungen treffen, die alle in dieselbe Richtung gehen. Manchmal wissen wir nicht einmal, daß wir eine Entscheidung getroffen haben, bis wir mit dem Ergebnis konfrontiert werden.

Grundsätzlich haben wir die Wahl zwischen *Bekommen* oder *Zurechtkommen*. Mit dieser Wahl konfrontiert, würden die meisten Menschen bestätigen, daß sie zurechtkommen wollen; doch jedesmal, wenn wir Schwierigkeiten mit anderen Menschen haben, liegt unter dem Problem ein Bedürfnis, „etwas zu bekommen". Der Mensch, mit dem wir nicht zurechtkommen, scheint uns in irgendeiner Weise daran zu hindern, das zu tun oder zu bekommen, was wir wollen, oder er scheint uns durch sein Handeln zu verärgern. Wir erkennen nicht, daß diese Haltung ein Hinweis darauf ist, daß wir etwas wollen – etwas bekommen wollen –, selbst wenn es sich dabei um etwas so Einfaches handelt wie den Wunsch, ihn aus dem Weg haben zu wollen. Wir wollen nicht, daß der andere an uns festhält; statt dessen wollen wir, daß er seine Fülle mit uns teilt und uns nicht dessen beraubt, was wir unserem Gefühl nach verdienen. Wenn wir das Gefühl haben, daß ein Mensch uns etwas wegnimmt, werden wir zornig und fordern, was rechtmäßig uns gehört. Wir wollen, daß der andere sich für uns ändert. Wir wollen, daß er auf unsere Weise handelt, und nicht auf seine Art.

Die Alternative besteht darin, einen gemeinsamen Weg zu finden, auf dem wir einen Schritt in Richtung inneren Wachstums gehen können, auf dem wir uns selbst heilen können, auf dem wir mehr geben und unsere *Verurteilung* loslassen können, die den Ärger verursacht –

einen Weg, auf dem wir lernen können, was uns wirklich glücklich macht. Wenn wir weiter Forderungen stellen, werden wir nicht glücklich sein, selbst wenn eine bestimmte Forderung zum jeweiligen Zeitpunkt erfüllt wird. Ein Kampf beruht auf der Forderung nach Befriedigung eines Bedürfnisses, das nicht erfüllt wird. In der Regel ist das, was wir fordern, genau das, was wir in der betreffenden Situation geben sollten. Es erfordert eine gewisse Bereitwilligkeit von unserer Seite – und das ist alles, worum es bei einer positiven Einstellung geht –, die Verantwortung zu übernehmen, mit dem anderen zurechtzukommen, anstatt vom anderen zu erwarten, daß er die ganze Veränderung alleine übernimmt.

Ein gutes Miteinander-Auskommen ist etwas, was immer wieder in Liebesbeziehungen gefragt ist, wo beide Partner immer wieder aufgefordert sind, sich zu ändern, um immer reifer zu werden und mehr ihr wahres Selbst zu leben, damit die Beziehung erfolgreich sein kann. Je mehr wir uns weiterentwickeln, desto reifer werden wir, und desto weniger reaktiv ist unser Handeln. Wir entwickeln uns als Mensch, und damit entfalten sich auch unsere Beziehungen. Wenn ein Partner oder ein Mensch, mit dem wir kämpfen, einen wahren Schritt auf eine neue Ebene des Erfolgs macht, profitieren *beide* Seiten davon und kommen einen Schritt voran. Dabei handelt es sich um ein Beziehungsprinzip, das uns zeigt, wie Beziehungen funktionieren. Wenn wir einen Schritt weitergehen, nutzt dies all unseren Mitmenschen. Wir werden reifer, erfolgreicher, liebevoller, wir können mehr empfangen und glücklich sein, und unser Partner profitiert davon ebenfalls. Umgekehrt geschieht dasselbe, wenn wir in einer Haltung des Bekommen-Wollens, des Nehmens oder sogar des Angreifens steckenbleiben, denn dann werden wir nicht alleine leiden. Alle Menschen, die wir lieben, werden davon betroffen sein und den Preis unserer Widerspenstigkeit und unserer negativen Einstellungen zahlen. Mit unserer Einstellung gehen wir entweder in Richtung „Bekommen" oder „Zurechtkommen", entweder in Richtung Tod oder Leben.

Unsere Bereitwilligkeit und unser Engagement, das „Zurechtkommen" zu lernen und auf diesem Weg uns selbst zu heilen, wird uns alle Konflikte und Werturteile zeigen, die es zu bewältigen gilt, wenn wir vorankommen wollen. Wir können auf jedem Schritt des Weges um Gnade und die Hilfe des Himmels bitten. Es ist Aufgabe unseres

Höheren Bewußtseins, diese Probleme durch die Heilung der ihnen zugrundeliegenden Ängste zu heilen – wir müssen es nur zulassen.

Wir müssen uns also entscheiden, ob wir lernen, wachsen, heil werden und uns in Richtung Leben bewegen wollen, oder ob wir steckenbleiben, verurteilend, rechthaberisch und angreifend bleiben wollen, gefangen in unserem Leid und ausgerichtet auf den Tod. Jeder Konflikt, den wir nicht auf unserem Weg durchs Leben lösen, ist ein Konflikt, der uns töten könnte. Das Problem mit einem Menschen, mit dem wir nicht zurechtkommen, stellt eine der Lektionen dar, die das Leben bereithält. Wenn es sich um eine dunkle, schmerzliche Lektion handelt, ist unser Ego daran beteiligt. Wenn es eine Lektion der Liebe, der Freiheit, des Lichts und der Gegenseitigkeit ist, dann ist es Gottes Lektion für die betreffende Situation. Wir können immer wählen, in welche Richtung unser Leben gehen soll, und im wesentlichen gibt es nur zwei Richtungen. Entweder Richtung Leben und Lebendigkeit oder Richtung Tod.

Wir müssen nicht genau herausfinden, wie ein Problem oder Konflikt gelöst werden könnte. Unser Wunsch, eine Lösung zu finden, unsere Bereitschaft, eine Lösung zu finden, unser Engagement für eine Lösung ist unser Beitrag zur Lösung der Situation. Wenn wir diese Einstellung haben, machen wir niemanden zum Sündenbock für einen Konflikt, der in unserem Inneren tobt. Niemand wird zur Geisel unserer Angst vor dem Vorangehen gemacht. Wir werden niemanden angreifen oder verfolgen, um uns selbst zurückzuhalten. Wir werden uns sogar dankbar fühlen, daß der andere uns dieses Stück gezeigt hat, das in unserem Inneren vergraben war und sich in Leid und Konflikt befand. Und durch unsere positive Einstellung wird uns der Weg zur Lösung des Problems gezeigt werden, da wir in die richtige Richtung gehen und offen für eine Lösung sind.

Übung

Wähle deine Richtung. Geht es für dich in Richtung Leben oder Tod? Entscheidest du dich für Rebellion und Rache - oder für Liebe und Glücklichsein? Wirst du kämpfen, was nur einen Kampf mit dir selbst bedeutet, oder wirst du den Kampf aufgeben, um in Frieden zu sein? Es ist nur deine Verurteilung, die dich vom Frieden abhält. Denke daran, daß du diese Wahl nicht nur für dich alleine triffst. Wirst du Heilung, Schmerz, Lernen und Vorwärtskommen – oder Rechthaberei, Leid, dunkle Lektionen und Steckenbleiben wählen? Unser Leiden liegt in unserer Verantwortung, und wir können es durch unsere Entscheidung verändern.

Sei heute bereit, oder sei wenigstens willens, bereit zu sein, dich selbst zu befreien. Was willst du, und was wählst du? Wird dies eine weitere Lektion auf dem Weg zum Erfolg für dich sein oder eine Lektion, die dich für immer blockiert? Bitte um die Gnade, daß es dir leicht gemacht werde.

Weg 32
Das Abzahlen von Schuldgefühlen

Unser Ego lebt von Schuldgefühlen und Angst. Mit Schuldgefühlen gehen Selbstbestrafung und Selbstaggression einher, aus denen das Ego seine Kraft bezieht. Wir alle haben Schuldgefühle, und unser Geist arbeitet so, daß wir aufgrund dieser Schuldgefühle uns selbst bestrafen. Das Ego, das aus Schuldgefühlen und anderen negativen Emotionen und Selbstkonzepten besteht, nutzt Schuldgefühle, um uns von anderen Menschen zu trennen. Das Ego baut auf dem Prinzip der Trennung auf, mit dem es uns davon abhält, in Freundschaften, in Partnerschaft und Liebe Verbindung einzugehen. Das Ego fördert Dominanz, Wettbewerb, Gewinnen um jeden Preis und den Versuch, die eigene Überlegenheit gegenüber anderen zu beweisen. Auf der anderen Seite sucht das Ego zu leiden, zu verlieren oder unterlegen zu sein und sich so mit einem „dunklen Glanz" zu schmücken. Ein solcher falscher Glanz beruht darauf, entweder der Beste oder der Schlimmste zu sein, was unser Besonders-Sein verstärkt. Es liegt in der Natur von Schuldgefühlen, daß sie uns einerseits blockieren und uns in Zurückgezogenheit festhalten, nachdem sie einem Fehler ein Denkmal gebaut haben, daß sie gleichzeitig aber verzweifelt nach Besonders-Sein trachten.

Wir alle haben Schuldgefühle, und sie sind immer ein Fehler. Ein Fehler ist etwas, was wir korrigieren können. Schuldgefühle sind etwas, wofür wir uns bestrafen, oder wir begraben und projizieren es nach draußen auf andere Menschen, sehen sie im Unrecht und halten sie für bestrafenswert. Unschuldige Menschen tadeln niemanden und sehen keine Sünden. Sie sehen nur einen Hilferuf.

Eine Opfersituation ist eine Strategie des Egos, um Schuld durch Selbstbestrafung abzuzahlen. Tatsächlich aber vermag Aufopferung niemals Schuldgefühle zu verringern, sondern macht sie nur noch größer. In der Rolle des Opfers fühlen wir uns infolge des Schmerzes schlecht, und wir fühlen uns schlecht, weil man uns zum Opfer gemacht hat. Sich schlecht zu fühlen ist das Wesen von Schuldgefühlen. Bei allen Dingen, um derentwillen wir uns schlecht fühlen, haben wir auch ein gewisses Schuldgefühl. In einer Opfersituation werden die Schuldgefühle für das Opfer und den Täter gleichermaßen verstärkt. Mit Schuldgefühlen ziehen wir uns entweder mehr zurück, machen andere weiterhin zum Opfer, oder wir bleiben selbst weiter in der Opferrolle. Es gibt noch weitere Egostrategien, um Schmerz und Schuldgefühle loszuwerden, doch diese werden dadurch natürlich nur noch mehr verstärkt.

Alle unaufgelösten Gefühle aus der Vergangenheit wie Trauer, Verlust, Verletzung, Zurückweisung oder ein gebrochenes Herz sind auch mit einem zusätzlichen Aspekt von Schuld verknüpft, da immer noch der Schmerz in uns ist, der sich schlimm anfühlt, und wir fühlen uns auch schlecht in bezug auf das, was geschehen ist. Dies ist nur eine Möglichkeit, wie das Ego dafür sorgt, seine eigene Stärke und das Gefühl der Trennung aufrechtzuerhalten, da dieser Schmerz und die Schuldgefühle in unserem Inneren einen Keil zwischen uns und andere Menschen treiben.

Im Jahr 1976 half ich drei Frauen in jeweils einer Sitzung auf die leichtestmögliche Art aus Situationen des körperlichen Mißbrauchs heraus. Zu jenem Zeitpunkt hatte ich bereits die verborgenen bzw. unterbewußten Teile des Geistes entdeckt, die in unseren Opfersituationen eine große Rolle spielen. Bei der ersten Frau kam mir die Idee zu überprüfen, ob es nicht etwas gab, für das sie sich selbst bestrafte. Es war ganz klar ein großes Mißverständnis aus ihrer Kindheit vorhanden, für das sie sich selbst bestrafte. Als wir das Mißverständnis aufgeklärt hatten, verschwand ihr selbstquälerischer Teil, und wie durch ein Wunder hörte ihr Mann auf, sie zu mißbrauchen. In den darauffolgenden beiden Wochen hatte ich zwei Klientinnen mit ähnlichen Problemen und erzielte ähnliche Ergebnisse. Das Aufklären von Mißverständnissen im Zusammenhang mit Schuldgefühlen ist einer der wichtigsten Faktoren, wenn man schwerkranken Menschen helfen will, ihre Gesundheit zurückzuerlangen.

Du solltest jedoch keinesfalls die Absicht dieses Kapitels falsch verstehen. Ich sage damit nicht, daß das Opfer selbst schuld ist, wenn es zum Opfer gemacht wird, noch geht es mir darum, den Täter zu entlasten. Es ist meine Absicht, uns alle von den irrigen und katastrophalen Auswirkungen von Schuldgefühlen zu befreien. Zu diesem Zweck müssen wir den Kreislauf von Schuldzuweisungen und Schuldgefühlen durchbrechen und Verantwortung für unser Leben und unsere

Erfahrungen übernehmen. Für Mißbrauch gibt es, außer im Plan des Egos, keine Entschuldigung. Doch wir alle sind verantwortlich für die Opfer-Täter-Situation, in der wir uns befinden, bzw. für derartige Situationen, die in unserem Umfeld auftreten. Wenn sie in unserem Umfeld auftreten, dann sind sie ein Teil unserer kollektiven Geschichte, ein Teil unseres Glaubenssystems, ein Teil des Spiegels unseres Geistes, der uns eine Verschwörung gegen uns selbst zeigt. Wir alle sind zu hundert Prozent verantwortlich für alles um uns herum und zu hundert Prozent unschuldig an alledem, was uns umgibt – unschuldig an allem in unserer Welt. Schuldlosigkeit ist der einzige Weg, auf dem dauerhafte Veränderung geschehen kann.

Die nachfolgenden Prinzipien können wir verwenden, um uns in unserer Selbstheilung zu unterstützen und aus Schuld- und Opfersituationen heraus- und voranzukommen.

1. Wir müssen erkennen, daß wir unser Bestes gegeben haben und daß wir es noch besser machen können.
2. Wir müssen 100 Prozent Verantwortung für die betreffende Situation übernehmen.
3. Wir müssen erkennen, daß wir eine negative Situation, wenn es eine solche gegeben hat, möglicherweise dazu benutzt haben, uns selbst aufgrund von irgendwelchen irrigen Schuldgefühlen aus der Vergangenheit anzugreifen.
4. Wir müssen uns dafür entscheiden, die Schuldgefühle aufzuspüren und uns selbst sowie allen an der Vergangenheitssituation Beteiligten zu vergeben. Wir sollten auch daran denken, daß ein immer noch vorhandener Groll gegen einen anderen Menschen auf verborgene Schuldgefühle hinweist, die der Auflösung bedürfen. Wenn wir Schuldlosigkeit erlangt haben, werden wir auch alle anderen als schuldlos betrachten.
5. Wir müssen allen an der gegenwärtigen Situation Beteiligten vergeben, auch uns selbst und Gott.

Übung

Überprüfe deine gegenwärtige Situation. Entscheide dich dafür, verantwortlich, aber unschuldig zu sein. Selbst wenn du dich angesichts einer Sache schlecht fühlst, erkenne, daß es sich nur um einen

Fehler handelt und daß die Schuldgefühle dich nur von deiner Veränderung abhalten. Entscheide dich dafür, dich zu ändern und von dieser Situation frei zu sein. Du kannst die Schuldgefühle künstlich übertreiben und ihnen so lange nachspüren, bis sie „weggebrannt" sind. Dies ist ein langsamer, aber effektiver Weg, um Schuldgefühle loszuwerden.

Wenn mit der Situation ein schlechtes Gefühl einhergeht, überprüfe, inwieweit es sich um eine Form von *Selbstangriff* handeln könnte. Nimm wahr, daß du dieses bestimmte Gefühl möglicherweise schon früher hattest. Durchlebe es erneut. Beobachte, welche Situationen dir aus der Vergangenheit in den Sinn kommen. Bei allen Situationen, die dir einfallen, verzeihe dir selbst und allen Beteiligten.

Frage dich:
Wenn ich wüßte, wann die Schuldgefühle, in denen dieses Problem wurzelt, ihren Anfang nahmen, dann war es möglicherweise, als ich _____ Jahre alt war.
Wenn ich wüßte, wer an der Situation beteiligt war, dann war es möglicherweise _____ (Name/n).
Wenn ich wüßte, was geschah, als diese irrigen Schuldgefühle begannen, dann war es möglicherweise _____ .
Vergib wiederum dir selbst und allen an dieser ursprünglichen Situation Beteiligten.
Bitte nun dein Höheres Bewußtsein, deinen kreativen Geist, dich und alle anderen Beteiligten zurück in eure jeweilige Mitte zu tragen. Sie ist ein Ort des Friedens, der Schuldlosigkeit, der Verbundenheit und der Gnade. Beobachte, wie sich dies auf die Situation auswirkt....
Falls die Situation noch immer nicht für alle Beteiligten uneingeschränkt glücklich ist, bitte darum, daß ihr in eine zweite Mitte zurückgebracht werdet. Wenn es auch dort nicht vollständig glücklich und liebevoll und lichterfüllt ist, bitte darum, daß alle in ein drittes inneres Zentrum gebracht werden. Falls die Situation noch immer nicht vollständig aufgelöst ist, bitte darum, in eine vierte Mitte getragen zu werden. So kannst du von einem Zentrum zum nächsten weitergehen, bis die ganze Situation sich vollständig in Licht verwandelt hat.

Weg 33
Selbstaggression

*W*ir wollen uns einen Augenblick lang vorstellen, daß keiner der Menschen, die dich irgendwann einmal angegriffen, verletzt, gedemütigt oder gekränkt haben, existiert. Stelle dir, wenn du möchtest, statt dessen vor, daß es sich bei ihnen um ferngesteuerte Roboter handelt, für die du die Fernsteuerung in der Hand hältst. Für jeden Zeitpunkt, zu dem du geglaubt hast, daß ein anderer Mensch dich angreift, findest du einen Eintrag in deinem Fernsteuerungsgerät, daß du diesen Roboter aktiviert hast, um dich selbst anzugreifen.

Klingt dies seltsam oder absurd für dich? In Wirklichkeit ist es nur im wörtlichen Sinne absonderlich, im übertragenen Sinn geschieht genau das. Wenn ich auf der Grundlage meiner dreißigjährigen Erfahrung das größte Problem wählen müßte, das den meisten Menschen auf dieser Welt gemeinsam ist, dann müßte ich die Selbstaggression, den Angriff auf sich selbst, nennen. Bei jedem negativen oder schmerzhaften Ereignis, das wir erlebt haben, handelt es sich auf einer gewissen Ebene um Selbstaggression. Dies ist das dauerhafteste Problem auf der Welt. Wir sind alle so hart zu uns selbst, was bedeutet, daß wir früher oder später auch anderen gegenüber hart sein werden. Wenn wir nicht so hart zu uns wären, gäbe es keine Opfer und niemanden, der andere zum Opfer macht.

Auf unterbewußter Ebene spiegelt ein Mensch, mit dem wir nicht zurechtkommen, einen Teil von uns wider, den wir verurteilt, abgespalten und unterdrückt haben. Doch dieser Teil ist noch immer in uns und scheint uns anzugreifen. Dieser Teil scheint einen anderen Plan zu haben, mit Zielen, die sich von den unsrigen unterscheiden, und dies wird nun von der äußeren Situation mit diesem Menschen, der uns das Leben schwermacht, widergespiegelt.

Selbstaggression beruht auf Trennung, auf Autoritätskonflikten und auf Schuldgefühlen, die durch unsere Handlungen bzw. Unterlassungen hervorgerufen werden, sowie auf Versagens- bzw. Wertlosigkeitsgefühlen, die vor allem mit unserer Familie zusammenhängen, und auf tiefster Ebene beruht Selbstaggression auf

Schuldgefühlen, weil wir es nicht geschafft haben, unsere Lebensaufgabe zu leben, unsere Bestimmung anzunehmen und uns wieder mit Gott zu verbinden. Jeder sorgenvolle oder ängstliche Gedanke ist ein Angriff auf uns selbst.

Wir haben sogar unsere Eigenverurteilung und unsere Selbstaggression auf Gott projiziert und betrachten die höchste Macht der Liebe und der Gnade als verurteilend und zornig.

Im Grunde würde sich die Welt zum Besseren wenden, wenn wir uns selbst als liebenswert betrachten könnten und zulassen würden, daß wir geliebt werden. Wenn wir aufhören könnten, uns selbst anzugreifen, könnten wir den Himmel auf Erden haben. Eigentlich ist kein einziger Grund, aus dem wir uns angreifen, ein wahrer Grund. Selbstaggression ist in Wirklichkeit eine Art von Selbstsucht und Aufopferung, und zwar in einer Erscheinungsform, die wir gegen uns selbst richten. Sie ist letzten Endes eine Form der Rebellion und der Rache an unseren Partnern, an unseren Eltern und an Gott. Sie ist eine tödliche Form des Schmollens und des Trotzes. Wenn wir mit dem Angriff auf uns aufhören würden, wäre unser Leben entsprechend problemlos, da es sich dabei um eine der Schlüsseldynamiken handelt, die an jedem Problem beteiligt ist. Jetzt ist die Zeit gekommen, eine andere Wahl zu treffen und den Kampf gegen uns selbst aufzugeben, nicht nur um unserer selbst willen, sondern auch zugunsten all jener Menschen, die wir lieben.

Jetzt ist der Zeitpunkt gekommen zu erkennen – auch wenn wir uns schuldig fühlen und uns selbst verurteilt haben –, daß dies nicht die höchste Wahrheit ist. Schuldgefühle sind ein psychologischer Fehler, eine Falle des Egos, die wir benutzen, um Trennung und falschen Glanz aufzubauen.

Sie sind ein Symptom für verborgene Angst. Die höchste Wahrheit ist Schuldlosigkeit und reine Liebe.

Verpflichte dich zur Wahrheit. Jetzt ist der Zeitpunkt gekommen, darum zu bitten, daß wir unsere Schuldlosigkeit erfahren. Wenn Gott, das Prinzip der Schuldlosigkeit, uns als unschuldig betrachtet, warum ist dies dann nicht die Wahrheit? Wenn wir von Gott als unschuldige Geschöpfe erschaffen wurden, können wir uns doch nur *vorstellen*, daß sich diese unsere Schuldlosigkeit verändert hat. Es kann nicht in Wirklichkeit geschehen sein. Ein Mensch, der unschuldig ist, sieht nur Schuldlosigkeit; alles andere erkennt er als einen Hilferuf. Ist es nicht ein wenig arrogant von unserer Seite, uns als schuldig zu betrachten, wenn wir in Gottes Augen ohne Schuld sind? Nur die Schuldlosen lernen die Lektion und verändern sich zum Vorteil aller, während ein Mensch mit Schuldgefühlen diese für eine Entschuldigung hält, um steckenbleiben zu können und sich nicht ändern zu müssen.

Übung

Mache zwei Listen. In der ersten hältst du alle Dinge fest, um derentwillen du dich schuldig fühlst. In der zweiten Liste führst du all die Dinge auf, derentwegen du dich angreifst. Sage dir dann von ganzem Herzen bei jedem Punkt auf jeder der beiden Listen, daß du unschuldig bist. Schreibe anschließend neben jeden Punkt auf der Selbstaggressions-Liste, wen du mit diesem Selbstangriff außer dir selbst noch angreifst. Gegen wen, abgesehen von dir selbst, hegst du noch einen Groll? Stelle dir diese Frage und schreibe auf, welchen unter deinem Angriff verborgenen Groll du gegen diesen Menschen hegst. Erinnere dich auch daran, daß Selbstaggression nur eine andere Form von Angriff auf andere ist sowie ein weiterer Punkt, der darauf hinweist, daß Groll gegen einen anderen Menschen unter der Oberfläche lauert. Groll verbirgt das Wunder, das dich und alle Menschen befreien könnte. Wenn du Groll und Selbstaggression losläßt, kannst du das Wunder empfangen.

Nimm dir heute dreimal am Tag jeweils fünf Minuten Zeit, um einfach nur die Gedanken zu beobachten, die dir durch den Sinn gehen. Nach jedem negativen oder angstvollen Gedanken sage dir: „Dieser Gedanke zeigt einen Punkt, an dem ich mich selbst angreife. Ich entscheide mich dafür, dies nicht länger zu tun und mich selbst zu lieben."

Weg 34
Unerledigte Angelegenheiten und transformierende Kommunikation

*W*ir haben bereits darüber gesprochen, daß unerledigte Angelegenheiten aus der Vergangenheit die Gegenwart beeinflussen. Nun ist der Zeitpunkt gekommen, näher auf dieses Thema einzugehen. Es gibt den Begriff der „Übertragung", mit dem die Tatsache bezeichnet wird, daß in allen Problemsituationen Gefühle, Probleme und unerledigte Angelegenheiten aus der Vergangenheit auf die Gegenwart übertragen werden. Das bedeutet, daß wir immer dann, wenn wir *nicht* Liebe, Freude, Kreativität und Fülle erleben, die Vergangenheit in der Gegenwart zu heilen versuchen und daß es sich bei unseren gegenwärtigen Problemen eigentlich um verschleierte Vergangenheitsprobleme handelt. Wenn wir uns dessen bewußt sind, daß es sich bei bedrohlichen Gefühlen einfach nur um unaufgelösten Schmerz aus der Vergangenheit handelt, werden wir stärker motiviert sein und besser verstehen können, wie die betreffende Situation in der Gegenwart geheilt werden kann. Gibt es beispielsweise im Leben einer Frau eine ungeheilte Situation mit ihrem Vater, so kann sich dies auf die Beziehung zu ihren Brüdern, ihrem festen Freund, ihren männlichen Freunden, ihren Vorgesetzten, ihrem Ehemann und ihren Söhnen auswirken. Diese Beziehungen unterliegen zwar am häufigsten dem Einfluß von Vater-Themen, vaterbedingte Übertragungsgefühle können jedoch in all unseren bestehenden Beziehungen auftreten.

Die Auswirkungen dieses Konzepts können überwältigend sein, denn es bedeutet, daß es sich bei allem, was nicht Liebe ist, um Übertragung handelt. Wenn uns als Erwachsener das Herz gebrochen wird, geht dies ebenso auf einen Herzensbruch in der Kindheit zurück, wie unser Versagen als Erwachsener auf unser Versagen in der Kindheit zurückgeht. Die Situationen in unserem jetzigen Leben spiegeln in Wirklichkeit eine Vielzahl von vergangenen und gegenwärtigen Beziehungen wider. Dies bedeutet, daß sich Themen aus unserer Kindheitsfamilie, die nicht vollständig geheilt wurden, auf unser gesamtes Leben auswirken. Wenn wir jenen Menschen aus unserer Vergangenheit vergeben, kann sich dies transformierend auf unser jetziges Leben auswirken, und wenn wir den Menschen in unserem gegenwärtigen Leben vergeben, wird sich dies verbessernd auf die Beziehungen der Vergangenheit auswirken.

Wenn es in unserem Leben irgendwelchen Ärger gibt – bei dem es sich um unerledigte Angelegenheiten der Gegenwart handelt –, können wir uns fragen: „Mit welcher Beziehung oder Situation aus meiner Vergangenheit hängt dies zusammen?" Uns eröffnet sich eine zusätzliche Dimension der Heilung, wenn wir erkennen, daß es sich bei unserem Versuch, in gegenwärtigen Beziehungen ein Bedürfnis erfüllt zu bekommen, um unerfüllte Bedürfnisse aus der Vergangenheit handelt. Das ist der Grund, warum zusätzlicher Streß und Druck auf unserer gegenwärtigen Kommunikation und Beziehung lasten, denn wir sprechen nicht nur mit einem Menschen in der Gegenwart, sondern auch mit einem Menschen aus der Vergangenheit. Kein Wunder, daß die Kommunikation manchmal verworren ist. Wenn wir den Vorgang der Übertragung verstehen, können wir in gegenwärtigen Situationen verantwortungsvoller handeln, da er uns erkennen läßt, daß wir die Vergangenheit zur Heilung in die Gegenwart eingebracht haben. Dies ist einer der Gründe, warum die gegenwärtige Situation bzw. das gegenwärtige Thema mit dem Menschen, mit dem wir im Augenblick ein Problem haben, aufgetreten ist.

Übung

Eines der besten Mittel, um Situationen oder Themen mit ‚Problemmenschen' aufzulösen, ist das Gespräch. Selbst wenn es nicht angemessen sein sollte, auf einer so tiefgehenden Ebene mit dem Menschen zu sprechen, mit dem du ein Problem hast, ist es äußerst hilfreich, dieses Prinzip zu verstehen. Der erste Schritt in der Kommunikation kann darin bestehen, daß du dir für die Kommunikation ein Ziel setzt und dir klarmachst, welches Ergebnis du damit erreichen willst. Setze dir während des gesamten Gesprächs immer wieder dieses erwünschte Ziel, insbesondere dann, wenn das Gespräch eine Wende zum Schlimmsten nehmen sollte. Als zweites übernimm Verantwortung für deine Gefühle. Wenn du glaubst, daß ein anderer Mensch deine Gefühle hervorgerufen hat, dann hast du nicht verstanden, wie Gefühle aus unserem Inneren heraus entstehen. Unsere Gefühle liegen in unserer Verantwortung. Sie beruhen auf Entscheidungen, mit denen wir auf bestimmte Ereignisse reagieren, selbst wenn dem Anschein nach ein anderer Mensch diese Gefühle ausgelöst hat. Negative Emotionen beruhen auf einem Urteil, das wir gefällt haben. Wenn unsere Gefühle negativ sind, tragen wir sie in der Regel schon eine ganze Zeitlang mit uns herum. Unser Ego hält nach neuen Ereignissen Ausschau, mit denen es unseren Schmerz verschlimmern kann, während unser Höheres Bewußtsein nach einem Ort sucht, an dem der alte Schmerz in uns geheilt werden kann.

Setze dich in deinem Gespräch mit aller Kraft dafür ein, daß ihr beide gewinnt. Sprich mit dem anderen darüber, womit du nicht klar kommst, und tue dies aus einer Haltung heraus, die Verantwortung für deine Gefühle, Gedanken und Wahrnehmungen übernimmt.

Sobald du darüber gesprochen hast, was für dich nicht in Ordnung ist, sprich über das, was du fühlst und durchlebst. Übernimm Verantwortung für deine Gefühle, und bitte den anderen um Unterstützung. Erwarte nicht, daß er sich ändern muß, nur weil du bestimmte Gefühle hast. Sprich über deine Gefühle und erkläre, was du im Zusammenhang mit dem betreffenden Ereignis durchlebst. Vielleicht wird der andere dann ebenfalls spontan über seine Erfahrungen sprechen. Sei niemals tadelnd, weder in deiner Einstellung, noch in deinem Tonfall oder in deinen Worten, denn damit würdest du nur wieder angreifen. Die Kommunikation kommt dann zum Stocken, wenn Vorwürfe beginnen. Sie sind ein Signal, daß du Angst vor dem Weitergehen bekommen hast und den Angriff, den Kampf oder die Verurteilung benutzt, um deine Angst zu verdecken und den anderen möglichst so weit zu beherrschen, daß du deinen Willen durchsetzen kannst. Benutze deine Gefühle nicht, um dich selbst zu blockieren. Nutze sie als Hilfestellung, um dich und den anderen frei zu machen.

Wenn der andere sich mitgeteilt oder erklärt hat, wie es ihm geht, nimm deine Gefühle im Zusammenhang mit der Situation bewußt wahr, um das Gespräch auf eine tiefere Ebene zu bringen. Sprich so intensiv wie möglich über deine Gefühle, und reflektiere dann auch über Ereignisse aus deinem bisherigen Leben, die zu diesen Gefühlen geführt haben. Während du deinem Gesprächspartner vielleicht die betreffende Geschichte erzählst, lege den Schwerpunkt auf das, was du damals empfunden hast. Nicht immer taucht eine Geschichte in uns auf, es zeigen sich vielleicht lediglich tiefere und ältere, aber bekannte Gefühle. Wenn du deinen Partner nicht dadurch angreifst, daß du deine alten Gefühle aus der Vergangenheit jetzt auf ihn ablädst, dann wird er in der Regel motiviert sein, dich zu unterstützen. Paradoxerweise wirst du dich um so besser fühlen, je mehr du über diese negativen Gefühle sprichst, denn durch die Kommunikation hast du dich entweder ganz oder teilweise von diesem Muster befreit. Während du dich auf diese Weise mitteilen lernst, wird dein Vertrauen in deine Kommunikationsfähigkeit wachsen und dich von innerem Aufruhr zu Frieden bringen. Diese Art des Mitteilens befreit dich und den Menschen, bei dem diese Gefühle in dir hochkamen.

Wenn es aufgrund einer Situation am Arbeitsplatz nicht angemessen sein sollte, mit dem Betreffenden zu sprechen, bitte einen Freund, so gut er kann, die Problemperson für dich zu spielen. Indem du die Prinzipien für eine transformierende Kommunikation befolgst, kannst du dein Vergangenheits-Selbst heilen, das in der Gegenwart geheilt zu werden versucht.

Weg 35
Wir ernten, was wir säen

In jeder Beziehung ist es offensichtlich, daß wir ernten, was wir säen, auch wenn wir uns über das Gegenteil beklagen. Selbstverständlich zählen Aufopferung, Abhängigkeit und Geben um des Nehmens willen nicht als Formen des Gebens, und sie durchkreuzen bzw. sabotieren unsere Fähigkeit zu empfangen. So viele Male zeigen wir der Welt ein nettes, unschuldiges Gesicht und beschweren uns darüber, wie furchtbar ungerecht wir in einer Beziehung behandelt werden. Dieser „aufgesetzte" nette und liebreizende Charakter verbirgt eine aggressive innere Seite, die wir manchmal sogar vor uns selbst verbergen.

Darüber hinaus sind wir nicht nur von unserem verborgenen Angriff auf andere erfüllt, sondern auch von Selbstaggression, die in unserem Leben eine destruktive Kraft darstellt. Während wir an der Oberfläche wie gute Menschen handeln, gibt es in unserem Inneren jede Menge dunkler Geschichten, Schattenfiguren und Konflikte, die wir auf andere projizieren. Es handelt sich bei all diesen Dingen um Aspekte unserer selbst, die trotz ihrer Verborgenheit Schwierigkeiten in unserem Leben hervorrufen. Jedes Urteil, das wir fällen, und jeder Groll, den wir hegen, schafft ein Problem. In diesem Sinne zeigt jedes Problem, das wir haben, einen mehr oder weniger verborgenen Angriff, Urteil oder Groll.

All diese Dinge sind lediglich ein Beispiel dafür, daß wir ernten, was wir säen. Im Unterbewußtsein gibt es ähnliche Prinzipien, die auf genau diesem Gesetz beruhen wie beispielsweise: „Niemand kann uns etwas antun, was wir uns nicht bereits selbst antun." Und: „Niemand kann uns etwas antun, was wir nicht bereits anderen antun." Jedesmal, wenn wir versuchen, einen anderen Menschen anzugreifen oder ihm etwas Negatives anzutun, tun wir dies auch uns selbst an. Wir gehen entweder gemeinsam unter, oder wir schwimmen miteinander, und die Entscheidung liegt bei uns. In diesem Zusammenhang kommt noch ein weiteres Prinzip zum Tragen, und zwar: „Wir tun anderen das an, was wir uns selbst antun." Wenn wir also uns selbst angreifen, werden wir am Ende auch die Menschen angreifen, die uns nahestehen. All diese Prinzipien haben mich vor einigen Jahren ein altes Sprichwort folgendermaßen neu formulieren lassen: „Wer in einem Spiegelhaus lebt, sollte nicht mit Steinen werfen." Was wir anderen antun, tun wir auch uns selbst an, und was wir uns selbst antun, tun wir auch anderen an.

Wenn wir Negativität in unserer Welt sehen, die Härte und Mühsal erzeugt, können wir anfangen, nach dem verborgenen Teil unseres Bewußtseins zu suchen, der sich darin widerspiegelt. Ich habe erlebt, daß Menschen ihrer abgespaltenen dunklen Seite in einem Traum, in einem Buch, das sie lasen, oder in einer Fernsehshow, die sie sahen, begegnet sind, sobald sie danach zu suchen begannen. Manchmal tauchte der verborgene Teil in den Worten eines anderen Menschen auf, und manchmal kam er ihnen einfach so in den Sinn, daß sie genau wußten, daß es sich bei dem, was ihnen eingefallen war, um die Wurzel ihres Problems handelte.

Sobald du die Wurzel deines Problems gefunden hast, kannst du eine neue Wahl treffen bezüglich dessen, was du willst. Du kannst immer um Gnade und die Hilfe des Himmels oder deines Höheren Bewußtseins bitten. Du kannst darum bitten, daß deine ursprüngliche Angst, die das Problem mit dem betreffenden Menschen geschaffen hat, verschwinden möge, oder du kannst den Angriff zugunsten von Frieden loslassen. All dies wird den Prozeß der Heilung und Transformation in Gang setzen.

Übung

Betrachte den Menschen, der dir das Leben schwer macht; er kann dir helfen, einen Teil von dir zu finden, den du verurteilt, abgetrennt und unterdrückt hast. Stelle dir folgende Fragen, und finde die Antwort einfach intuitiv:

Wenn ich wüßte, wer zugegen war, als ich diesen Teil meiner selbst verurteilte, dann war es _____ (Name/n).

Wenn ich wüßte, was damals geschah, dann war es _____ _____ .

Wenn ich wüßte, was infolge der Entscheidungen, die ich zu jenem Zeitpunkt traf, in meinem Leben geschehen ist, dann war es _____ .

Was ich jetzt wählen möchte, um die Entscheidungen, die ich damals traf, zu verändern, ist _____ .

Finde heraus, welchen Teil bzw. welche Teile deiner selbst du in jener Situation verurteilt hast. Liebe jene jungen „Selbste", bis sie dein jetziges Alter erreicht haben und erneut mit dir verschmelzen.
Lasse dich von der Liebe des Himmels durchströmen, damit jene Teile deiner selbst erwachsen werden können. Lasse nun deine Liebe und die Liebe des Himmels hinausströmen zu den Menschen in der schmerzlichen Ursprungssituation, damit jene Schmerz empfindenden und Schmerz verursachenden Teile ihrer selbst anfangen können, erwachsen zu werden und erneut mit ihnen zu verschmelzen, was mehr Zuversicht und Heilsein bringt.
Stelle dir die dunklen Ideen vor, die der andere Mensch repräsentiert. Wie viele dieser dunklen Selbst-Seiten hast du? Lasse sie alle zu einem riesengroßen Selbst verschmelzen. Diese Riesenshow ist ein holographisches Bild, eine 3D-Projektion. Tritt in sie hinein. Schaue dich um, und du wirst ein Tor zu einem Teil deines Geistes finden, der bis dahin verloren war. Gehe durch das Tor. Finde heraus, was dort ist, und genieße es. Im seltenen Falle, daß der Teil des Geistes, den du findest, dunkel und furchteinflößend sein sollte, bitte einfach dein Höheres Bewußtsein darum, ihn zu säubern und Licht in diesen Teil deines Geistes zu bringen.

Weg 36
Kontrolle heilen

Kontrolle ist ein besonders unattraktiver Aspekt, der Alleinstehende und Verheiratete gleichermaßen zurückhält. Niemand will einen herrischen, nörgeligen und mürrischen Partner. Die Menschen werden sich zurückziehen, wenn ein potentieller Partner solche Charakterzüge zeigt. Bei allen Problemen ist Kontrolle als eine Schlüsseldynamik mitbeteiligt. Auf einer bestimmten Ebene versuchen wir mit unseren Problemen immer, uns selbst oder einen anderen Menschen zu kontrollieren. Mit Kontrolle verhält es sich ähnlich, wie wenn man vor Zorn geladen ist. Je mehr Kontrolle wir ausüben, desto mehr wollen die Menschen gegen uns kämpfen oder von uns wegbleiben, damit sie die Freiheit haben, nach ihrem Willen zu handeln. Kontrolle erscheint unter dem Deckmantel der Kompetenz; Kompetenz jedoch wird erstrebt und selten in Kämpfe verwickelt.

Wenn man keinen Partner hat, ist dies natürlich ein Weg, die Kontrolle zu behalten, ein Mittel, um sicherzustellen, daß ständig alles nach unseren Vorstellungen geschieht. Wir brauchen uns nicht mit den Wünschen, Sehnsüchten oder Vorlieben eines anderen Menschen auseinanderzusetzen. Wir brauchen niemanden zu bekämpfen, um unsere Sicherheit zu gewährleisten oder unseren Kopf durchzusetzen. Wir wollen einen Partner nicht allzu interessant, attraktiv oder liebenswert finden, denn dann würden wir die Kontrolle verlieren. Wir haben Angst, genau wie in der Vergangenheit wieder verletzt zu werden oder in die Aufopferung zu gehen. Darum wählen wir einen sicheren Partner, und der sicherste Partner ist gar kein Partner.

Kontrolle in einer Beziehung heißt, daß wir die eigenen Vorstellungen fälschlicherweise für den besten Weg halten. Nach der Phase der ersten Verliebtheit läßt Kontrolle uns Machtkämpfe mit unserem Partner ausfechten. Später führt sie zu Stillstand und Leere in der Beziehung, da wir uns so weit zurückzuziehen versuchen, daß der andere uns nicht kontrollieren kann. Wir ziehen uns auch zurück, um die negativen, verborgenen Emotionen unter Kontrolle zu halten, die mit dem Einlassen auf unseren Partner zur Heilung an die Oberfläche kommen, woraufhin wir dazu neigen, uns von unserem Partner zurückzuziehen. Da wir nicht wissen, wie wir mit diesen Emotionen umgehen sollen, halten wir sie – so gut wir können – unter Verschluß.

In zwischenmenschlichen Beziehungen kann Kontrolle in allen Bereichen eingesetzt werden, in denen der Körper eine Rolle spielt, wie zum Beispiel Zärtlichkeit, Sexualität oder Gesundheit. Wenn Kontrolle in diese Beziehungsbereiche eindringt, dann ist die Beziehung in Gefahr. Ich habe unzählige Male mit Menschen zu tun gehabt, die das Thema Sexualität oder Gesundheit im Rahmen eines Kampfes eingesetzt haben, mit dem sie die Kontrolle über ihren Partner gewinnen wollten, wobei sie aber nicht erkannten, daß ihr Partner sich von ihnen zurückzog, um der Kontrolle zu entgehen. Wenn ein Partner sich aus einem Bereich wie der Sexualität zurückzog, der dem kontrollierenden Teil sehr wichtig war, dann zog sich eben dieser Partner in der Regel auch aus anderen Bereichen wie Verliebtheit, Zuneigung, Kommunikation, Meinungsaustausch und anderen Gebieten zurück, die dem kontrollierenden Partner gleichermaßen wichtig waren. Beziehungspartner, vor allem Männer, haben nichts dagegen, sich durch Sex motivieren zu lassen, vor allem dann, wenn sie dadurch in eine Richtung motiviert werden, welche die Beziehung fördert; derselbe Partner wird jedoch Widerstand leisten, wenn er durch Sex *kontrolliert* werden soll, selbst wenn es sich dabei eigentlich um die schönste Sache der Welt für ihn handelt. Das Eingehen von Verbindung, Kommunikation und allen anderen Formen des Brückenbaus sind ein enorm effektives Mittel, um Machtkämpfe und Erstarrung zu beenden, die auf den unterschiedlichen Erscheinungsformen der Kontrolle beruhen.

Kontrolle beruht auf Angst, vor allem auf der Angst vor Verletzung, die von einem ungeheilten, gebrochenen Herzen spricht. Wir üben Kontrolle aus, weil wir zu verhindern versuchen, daß wir verletzt werden, oder weil wir verhindern wollen, daß andere verletzt werden. Es handelt sich dabei um einen Versuch, unsere eigenen und die Bedürfnisse der anderen, so wie wir sie wahrnehmen, zu erfüllen. Doch es handelt sich dabei um einen Versuch, dies auf unsere Weise zu tun, was einen Machtkampf mit all unseren Mitmenschen in Gang setzt. Jene, die unsere Vorgehensweise mitmachen und sich dominieren lassen, werden in unseren Augen „langweilig", da die Beziehung so ungleich ist. Jeder Kampf und jede Meinungsverschiedenheit, die wir mit anderen austragen, deutet auf einen Konflikt und auf Kontrolle in uns selbst hin. Jegliche Langeweile, die wir angesichts eines anderen Menschen empfinden, erzählt von unserer Kontrolle. Alle Machtkämpfe deuten ebenfalls auf einen Ort hin, an dem wir unseren Kopf durchsetzen wollen.

Das Gegenteil von Kontrolle ist Frieden, Integration, Kommunikation, Zuversicht und Vertrauen. Vertrauen bedeutet, mit unserer gesamten Geisteskraft hinter etwas zu stehen, im Wissen, daß alles gut wird. Kontrolle ist ein Ort, wo wir den Glauben an unseren Partner, an uns selbst und an die Situation verloren haben und wo wir eine Form von Gewalt, Drohung, Manipulation oder Zwang einzusetzen versuchen, um sie im Zaum zu halten. Wenn wir auf diese Weise nicht mehr an unseren Partner glauben, dann wird er an uns genausowenig glauben. Ohne Zuversicht bleibt uns nur noch die Kontrolle mit dem daraus hervorgehenden Kampf und Rückzugsverhalten.

Jedesmal, wenn wir zu kontrollieren suchen, spiegelt dies unseren gespaltenen Geist wider, der zerbrach, als uns das Herz gebrochen wurde. Indem wir die verborgeneren Seiten unseres Geistes auf andere Menschen projizieren, versuchen wir sie auf eine Weise zu kontrollieren, die den Schmerz des ursprünglichen Bruchs nach oben bringt. Dies ließe sich vermeiden, wenn wir unsere Positionen integrieren würden, woraufhin sich eine neue Ebene der Zuversicht und des Erfolgs zeigen könnte. Eine andere Möglichkeit, Kontrolle zu heilen, besteht darin, sich auf eine so tiefe Ebene des Friedens zu begeben, daß der Konflikt und der alte Schmerz einfach abfallen. Wenn wir an unseren Partner, an uns selbst oder an die Situation glauben, haben wir auch die Zuversicht, die gleichzeitig höchst attraktiv und erfolgreich ist und Kontrolle überflüssig macht.

Übung

Stelle dir vor, daß der Mensch, mit dem du dich in einem Machtkampf befindest, einen Teil deines Geistes repräsentiert. Stelle dir vor, daß jener Teil, den dieser Mensch repräsentiert, und der Teil, den du selbst darstellst bzw. den deine Position repräsentiert, jeweils in sich zusammenschmelzen, so daß auf jeder Seite nur noch ein großer Berg geschmolzener Energie übrigbleibt. Bringe nun diese beiden Energieberge in einer Weise zusammen, daß darin das Beste beider Welten enthalten ist. Wenn noch ein negatives Gefühl übrigbleibt, dann integriere dieses Gefühl gemeinsam mit deinem Höheren Bewußtsein in das hinein, was bereits zusammengeschmolzen wurde. Setze diesen Prozeß gemeinsam mit deinem Höheren Bewußtsein und dem bereits Integrierten fort, falls überhaupt noch ein negatives Stückchen übrig sein sollte. Dadurch können viele Schichten eines Konflikts auf einmal geheilt werden.

Lege heute dein Vertrauen in die Beziehung mit dem Menschen, mit dem du nicht zurechtkommst. Sei gewiß, daß alles bestens enden wird. Jedesmal, wenn du daran denkst, kehre in Gedanken sofort zu diesem zuversichtlichen Wissen zurück. Wenn du zu viel Angst hast, um vertrauensvoll zu sein, dann bitte dein Höheres Bewußtsein, die Furcht zu beseitigen, die du empfindest. Wenn du weißt, daß sich alles zum Guten wenden wird, dann tut es das auch. Zuversicht hat Charisma und ist attraktiv. Sie hilft, ganz gleich, ob dein Problem deinen derzeitigen Partner oder einen Mitmenschen betrifft. Es ist diese Zuversicht, die dich zum nächsten Schritt führen kann.

Frage dich intuitiv, wieviele Schichten des Friedens du erreichen müßtest, damit dieser Konflikt wegfallen kann. Dann entspanne dich, und bitte dein Höheres Bewußtsein, dich auf eine Ebene des Friedens zu tragen. Wenn du diese Ebene erreicht hast, bitte dein Höheres Bewußtsein, dich auf eine tiefere Ebene des Friedens zu bringen. Wenn dies erreicht ist, bitte erneut darum, auf eine tiefere Ebene des Friedens gebracht zu werden. Gehe so lange auf immer tiefere Ebenen des Friedens, bis du jenen friedvollen Teil deines Geistes erreicht hast, der tiefer liegt als der Konflikt. Dann wird der Konflikt verschwinden.

Weg 37
Wettbewerb ist eine Form von Verzögerung

Wettbewerb ist eng verbunden mit Festhalten, der Grundlage allen Schmerzes. Wettbewerb entsteht durch Trennung, die auch Angst, Bedürfnisse, Festhalten, Selbstsucht und sämtliche Idole entstehen läßt, die wir für die Quelle unseres Glücks halten.

Wettbewerb verbirgt in Wirklichkeit die Angst vor dem nächsten Schritt. Deinen Gegner zu besiegen wird zu einem Wunsch, der deine ganze Aufmerksamkeit in Anspruch nimmt, so daß die Auseinandersetzung mit dem eigentlichen Thema nicht stattfindet. Erfolg wird bei einem Konkurrenzkampf eigentlich vermieden oder kommt nach dem Gewinnen erst an zweiter Stelle. Gewinnen ist kein Synonym für Erfolg. Wo es nur ums Gewinnen geht, kann das übersehen werden, was gelernt werden müßte, um Erfolg zu schaffen. Erfolg ist eine wesentlich umfassendere Erfahrung. Er beinhaltet eine bestimmte Ebene der Partnerschaft und das wirkliche Erreichen von wahrhaften Zielen, und zwar von Zielen, die zukünftige Leichtigkeit, Erfolg und Partnerschaft fördern, und nicht das Gefühl des Getriebenseins, das vom Gewinnen zu kommen scheint. Erfolg schaut nach vorne und erkennt, was integriert werden muß, damit alle gewinnen können. Gewinnen macht den klein, mit dem wir unseren Wettkampf ausfechten, bzw. den, mit dem wir einen Konflikt austragen, weil wir denken, daß wir irgendwie das bekommen werden, was wir brauchen, wenn wir den anderen ausstechen. Gewinnen kann zu einer Obsession werden und macht uns kurzsichtig, während Erfolg sich nicht auf seinen Lorbeeren ausruht, sondern nach vorne in Richtung Lernen und Veränderung schaut, die er als seine Voraussetzung betrachtet. Gewinnen kann uns im Glauben wiegen, daß es nichts zu verändern gibt. Wenn wir uns auf das Lernen konzentrieren, nachdem wir im Gewinner-Verlierer-Kreislauf verloren haben, und zwar auf das Lernen, wie wir erfolgreich sein können, anstatt darauf, wie wir gewinnen können, dann werden wir vorankommen und auf eine neue Ebene gelangen.

Konkurrenzdenken hat seinen Ursprung in einer bindungslosen Familie. Die Angst, der Mangel und die Trennung diktieren gewisse

Rollen innerhalb der Familie, die sowohl ein persönliches Kompensationsverhalten als auch ein Versuch sind, die Familie ins Gleichgewicht zu bringen. Doch diese Verteidigungsmaßnahmen haben keinen Erfolg und können bestenfalls das vorhandene Familiendilemma aufrechterhalten. Alledem liegt Verlustangst zugrunde, die Mangel und Wettbewerb erleben läßt.

Konkurrenzkampf ist eine Verteidigungsmaßnahme, die in Wirklichkeit genau das erschafft, was sie zu vermeiden sucht. Wettbewerb erzeugt eine kontinuierliche Angst vor Verlust, selbst dann, wenn du gewinnst. Er ignoriert auch die einzige Quelle wahren Erfolgs, nämlich Integration und Kooperation. Vor vielen Jahren hat der Visionär Buckminster Fuller nachgewiesen, daß der ärmste Mensch innerhalb von zehn Jahren reicher sein könnte, als es der reichste Mensch heute ist, wenn die ganze Welt zusammenarbeiten würde. Dennoch ignorieren wir das, was offensichtlich ist. Nur durch wechselseitige Abhängigkeit und die Anerkennung unserer gegenseitigen Interessen können wir dauerhaften Erfolg haben.

Wettbewerb ist eine Methode, durch die man zu gewinnen sucht, indem man andere zum Objekt macht, um ein gewisses Selbstkonzept von der eigenen Großartigkeit aufrechtzuerhalten. Wir versuchen uns in unserer Vorstellung immer zu einer alle überragenden Gestalt zu machen. Jedesmal, wenn wir andere zum Objekt degradieren, um unsere eigenen Bedürfnisse zu befriedigen, machen wir uns selbst zum Objekt und spalten uns ab. Dies verwandelt eine potentiell freudvolle Situation in eine Situation des bloßen selbstsüchtigen Schwelgens, was kein Empfangen erlaubt. Die Freude ist bei der Jagd nach Schadenfreude und im Beweisen der eigenen Überlegenheit verlorengegangen. Selbstverständlich ist das, was man zu beweisen versucht, das, was man an sich selbst bezweifelt, so daß der Teufelskreis von Gewinnen und Verlieren unaufhörlich weitergeht. Im Wettkampf ist Gewinnen niemals genug, da Selbstkonzepte auf Selbstzweifeln aufgebaut sind. Freude kann nur in zwischenmenschlicher Verbindung gefunden werden. Wenn wir erst einmal erkannt haben, welche Kraft Beziehungen besitzen, uns zu verwandeln und uns der Zuversicht und Ganzheit näherzubringen, dann kann allmählich eine Einstellung Wurzeln ausbilden, die diese heilenden Konflikte wertschätzt, und wir bewegen uns auf Partnerschaft, Ko-Kreativität und Einheit zu. Mit anderen Worten: Sobald wir erkennen, wie kraftvoll

Beziehungen im Hinblick darauf sein können, uns in Richtung Zuversicht und Ganzheit voranzubringen, werden wir eine bessere innere Einstellung haben und alles Nötige für Frieden und Glück erreichen. Wir werden den Erfolg an unserem Erfolg mit anderen Menschen zu messen beginnen. Je mehr Gegenseitigkeit und Austausch, desto größer der Erfolg.

Im Konkurrenzkampf versuchen wir, unsere Bedürfnisse von anderen erfüllt zu bekommen, und andere versuchen, ihre Bedürfnisse durch uns erfüllt zu bekommen. Wenn ein Mensch zum Verlierer wird, ist es nur eine Frage der Zeit, bis er uns in einen Hinterhalt zu locken versucht, damit er gewinnen kann. Wenn wir weiter gewinnen, dann werden unsere Partner abhängig, unattraktiv und passiv-aggressiv. Dadurch wird jedoch die Tatsache verdunkelt, daß beide Beteiligten vorankommen und auf eine neue Ebene, zu einer neuen Integration und einem neuen Verständnis gelangen könnten, wenn einer von beiden den nächsten Schritt machen würde. Es gibt keine Konflikt-Beziehung, in der nicht auch irgendeine Form von Wettkampf vorhanden wäre. Konkurrenzkampf zerstört Beziehungen auf heimtückische Weise.

Glaubst du schließlich nicht auch, ein wirklich besserer Mensch zu sein als der, mit dem du nicht zurechtkommst? Bist du nicht mindestens ein moralisch höherstehender Mensch? Tröstest du dich etwa nicht mit diesen Argumenten? Du wirst daher vielleicht glauben, daß es natürlich und gerechtfertigt ist, einen anderen Menschen zu besiegen. Doch diese Art des Denkens wird jede unserer Beziehungen beeinflussen, auch unsere engsten Partnerbeziehungen. Denn jede Beziehung, in der wir einen Wettkampf austragen, ist in Wirklichkeit ein unterbewußter Spiegel des Konkurrenzkampfes in unserer Partnerbeziehung.

Wettbewerbsdenken erzeugt Machtkampf, und sei er noch so subtil, und es läßt auch Erstarrung und Leere in einer Beziehung entstehen. Bei dieser Erstarrung handelt es sich nur um einen Rückzug, der den darunter ablaufenden Kampf reflektiert. Wenn ein Paar die Leblosigkeit und Erstarrung erkennt, kann es mit Bereichen in Kontakt kommen, in denen Kompromisse eingegangen wurden oder in denen sich einer dem anderen angepaßt hat, in denen aber keine Lösung und Gegenseitigkeit erzielt wurde. Erstarrung ist eine Methode des Rückzugs, um nicht ständig im Wettkampf verlieren zu müssen.

Um eine weniger einsichtige Form des Konkurrenzkampfes, die jedoch für unsere Weiterentwicklung nicht weniger tödlich ist, handelt es sich beim Festhalten. Nur wenn wir festhalten, können wir uns verletzt oder enttäuscht fühlen. Unser Festhalten ist eine Form von Bedürftigkeit. Es ist eine falsch verstandene Form von Liebe, die leicht zu Verletzung führt. Liebe spürt nur Geburtsschmerzen, wenn unsere Herzen wachsen. Verletztheit entsteht nur dann, wenn wir etwas verlieren, an dem wir festgehalten haben, oder wenn wir die Art und Weise ablehnen, in der jemand handelt, weil wir glauben, daß er unsere Bedürfnisse nicht erfüllt.

Beim Festhalten gibt es zwei Aspekte von Wettbewerb. Der erste Aspekt ist das Benutzen eines anderen Menschen zur Erfüllung der eigenen Bedürfnisse. Beim zweiten Aspekt geht es darum, daß wir das, was wir haben, nicht mit anderen teilen, wobei wir von einer bestimmten Sache oder einem bestimmten Menschen mehr haben als andere. Dieser Umstand ist die Grundlage, warum wir an etwas festhalten oder ein Idol erschaffen. Wenn etwas, was wir festhalten, verlorengeht oder ein Idol zu Fall kommt, dann scheinen unsere Träume zu zerbrechen, und wir stürzen ab und fühlen, wie uns das Herz bricht und wir desillusioniert werden. Es ist diese Enttäuschung, die uns sterben lassen will. Es ist der Schmerz dieses Verlustes, der unsere Weiterentwicklung behindert.

Auf einer gewissen Ebene könnte man Wachstum als das Hindurchgehen durch eine Enttäuschung nach der anderen betrachten oder zumindest als das Aufgeben eines Festhaltens nach dem anderen. Wenn wir enttäuscht sind, wurde ein gewisses Selbstkonzept zerstört, das auf dem Glauben aufgebaut war, besser zu sein als ein anderer Mensch. Dann fühlen wir uns elend, wertlos und als Versager. Doch auch dabei handelt es sich nur um Selbstkonzepte oder Kompensationen, die unsere wahre innere Güte verbergen.

Konkurrenzkampf ist immer schnell bei der Sache, wenn es darum geht, Fehler bei anderen zu suchen und sie zu korrigieren. Das Korrigieren ist eine Form von Arroganz, die uns nach Fehlern in unseren Mitmenschen suchen läßt, anstatt nach vorne zu blicken und nach dem nächsten Schritt Ausschau zu halten. Wann immer wir einen anderen Menschen korrigieren, ist dies ein sicheres Zeichen, daß wir dem aus dem Wege gehen, was in uns selbst der Korrektur bedarf. Der beste Wettkampf ist überhaupt kein Wettkampf, sondern ein Streben, persönliche und globale Horizonte zu überschreiten und zu erweitern. Wir betrachten unsere Gegner dann als Mitspieler, die dazu beitragen, das Beste aus uns herauszuholen.

Übung

Überprüfe heute, wo es in deinem Leben Konkurrenzkampf gibt. Schreibe auf, welche Selbstkonzepte du damit beweisen willst. Welche Selbstkonzepte werden wiederum durch sie verborgen? Wenn du auf größere negative Selbstkonzepte stößt, dann erinnere dich daran, daß auch sie lediglich Konzepte sind, die du zu beweisen suchst, um deine wahre Güte und deine Kraft zu verbergen. Wir verbergen unsere wahre Güte und Kraft, weil wir aus Furcht vor dem, was man von uns erwarten könnte, Angst haben, so gut zu sein oder alles haben zu können. Entdecke und erlebe diese Wahrheiten über dich selbst.
  Laß alle Selbstkonzepte los, die du entdeckst. Was du an ihrer Stelle bekommen wirst, ist reines Sein und Meisterschaft.

Du kannst für die Übung folgende Fragen benutzen:
Dieser Wettkampf beweist von mir, daß ich _____ .
Dahinter verbirgt sich das Selbstkonzept von _____ .
Darunter verbirgt sich wiederum das Selbstkonzept von _____ .

Wenn du diese Übung so lange fortsetzt, bis der Prozeß abgeschlossen ist, dann wirst du durch einige deiner tiefsten und dunkelsten Schatten hindurchgehen, bis du schließlich zu jenen gelangst, die mit Licht und Glückseligkeit ausgestattet sind.
  Schreibe einfach jede Antwort auf, die dir einfällt. Manchmal wirst du statt einer Idee einfach nur ein Gefühl haben. Wenn dies der Fall ist, dann ist das Gefühl die Antwort. Wenn du keine Antwort weißt, dann handelt sich dabei ebenfalls um ein Selbstkonzept.

Weg 38
Problem-Menschen und die Beziehung zu uns selbst

Unsere Beziehung zu dem Menschen, der uns Probleme bereitet, zeigt uns, welche Beziehung wir zu uns selbst haben. Die Welt ist unser Spiegel und zeigt uns Teile unseres Geistes, die wir mögen, und solche, die wir nicht mögen. Alles, was wir sehen, zeigt uns etwas, was wir verurteilt und von dem wir uns in irgendeiner Weise desidentifiziert oder losgelöst haben. Manchmal verurteilen wir etwas, projizieren es hinaus in die Welt und jagen dann unsere Projektion aufgrund der Leere und Bedürftigkeit, die durch das Wegschieben dieser inneren Qualität verursacht wurde. Wir fühlen uns von Menschen angezogen, die jene unterdrückten Teile unserer selbst widerspiegeln, empfinden jedoch Mißbilligung, weil wir diese Charakterzüge in uns selbst nicht zulassen können.

Es gibt andere Zeiten, in denen wir Teile von uns selbst verurteilen und abspalten, sie auf die Welt projizieren und im Äußeren die Kriege verurteilen, die wir im Inneren ausfechten, wobei wir uns von diesem Teil unserer selbst, der uns von einem Menschen in unserer Welt gezeigt wird, getrennt und ihm überlegen fühlen.

Diese Vorstellung mag weit hergeholt, dumm, abstrakt oder wenig hilfreich erscheinen. Ich garantiere jedoch, daß nichts davon zutrifft. Als Therapeut und Eheberater, als Unternehmensberater und Lebenslehrer kann ich versichern, daß es sich dabei um eines der hilfreichsten Konzepte für Heilung und Veränderung handelt, die ich in meiner dreißigjährigen Arbeit gefunden habe. Die Vorstellung, daß Wahrnehmung nichts anderes als Projektion ist, hat mir in Zehntausenden von Fällen geholfen, Menschen darin zu unterstützen, ihre Welt durch eine Änderung ihrer Denkweise zu verändern. Wenn ich den inneren Konflikt finden kann, der dem Konflikt in der äußeren Welt entspricht, dann ist es relativ leicht, einem Menschen bei seiner Veränderung zu helfen. Natürlich gibt es in manchen Fällen viele Schichten von Hindernissen oder dynamischen Kräften zu heilen. Doch in unserer Welt haben wir für jeden Menschen auch ein entsprechendes Selbstkonzept. Dies verleiht uns eine gewisse Kraft und Fähigkeit, unser Denken und die Welt zu verändern. Ich habe erlebt, daß Beziehungen sich sehr schnell verwandeln, wenn beide Partner ihre jeweiligen Projektionen zurücknehmen, diese als Selbstkonzept annehmen und etwas zu ihrer Heilung unternehmen, was eine schnelle Veränderung in der Welt ermöglicht.

„Alles ist Projektion" bzw. die Widerspiegelung unserer Gedanken, Wünsche und Überzeugungen in der Welt. Unsere Probleme und Lebensdramen sind das, was wir für unsere Sünden oder Schuld halten und auf die Welt projiziert haben, die für uns daraufhin ein Ort der Schwierigkeiten und der Selbstaggression wird.

Ich möchte hier eine Übung vorstellen, die in vielen Beziehungen geholfen hat, eine äußerst positive Veränderung herbeizuführen.

Übung

Nenne drei Eigenschaften des Menschen, mit dem du ein Problem hast:
1.
2.
3.
Überprüfe nun bei der ersten Eigenschaft, welchen Projektionsstil du hast. Lebst du diese Eigenschaft ebenfalls aus, oder würdest du lieber sterben, als so zu handeln? Wechselst du zwischen beiden Möglichkeiten?

Wenn du zum ersten Typ gehörst, dann kannst du erkennen, daß du genauso handelst wie der andere. Beim zweiten Projektionsstil verleugnest, kompensierst und verbirgst du diese Eigenschaft. Die dritte Projektionsform ist eine Kombination aus Stil eins und zwei.

Bei Projektionsstil zwei mag es hilfreich für dich sein, wenn du herausfindest, wo du diesen Teil deiner selbst verurteilt und abgespalten hast.

Frage dich:
Wenn ich wüßte, wann ich diesen Teil meiner selbst verurteilt habe, dann müßte es im Alter von _____ gewesen sein.

Wenn ich wüßte, welches Ereignis mich veranlaßt hat, einen Teil meiner selbst als „schlecht" zu verurteilen und abzulehnen, dann war es _____ .

Spüre nun, wie du in dieser Ursprungssituation eine Brücke aus Licht zu allen Beteiligten baust. Baue diese Brücke zu jeder anwesenden Person, bis eine Ebene der Verbundenheit mit allen Menschen in jener Situation erreicht ist. Es kann mindestens zwei oder drei solcher Versuche dauern, bis die Verbundenheit in jener Vergangenheitssituation wiederhergestellt ist. Du kannst dann die Wahl treffen, daß alle Kompensationen, hinter deren entgegengesetztem bzw. positivem Handeln sich negative innere Selbstkonzepte verbergen, und alle negativen Selbstkonzepte integriert bzw. zusammen eingeschmolzen und dann wieder mit dir vereint werden sollen. Das kann dir helfen, wenn ein großes Maß an Leugnung oder Reaktion im Zusammenhang mit einem Kompensationsverhalten in dir vorhanden ist.

Ganz gleich, welchen Projektionsstil du hattest, wirst du feststellen, daß in dir jede Menge Selbstaggression im Zusammenhang mit dieser Eigenschaft vorhanden war.

Der wichtigste und endgültige Schlüssel für dich ist die Frage: „Will ich mich weiterhin angreifen, oder möchte ich diesem Menschen helfen, auf den ich projiziert habe?" Wenn du dich dafür entscheidest, dem anderen zu helfen, dann laß alle Selbstaggression im Zusammenhang mit dieser Eigenschaft los, und laß die zwischen euch bestehende Trennung hinter dir. Stelle dir vor deinem geistigen Auge vor, wie du auf den anderen zugehst, ihn in die Arme nimmst und ihm deine Hilfe anbietest.

Gehe nun weiter zur zweiten Eigenschaft, die du auf deinen ‚Problem-Menschen' projiziert hast.
- *Finde heraus, ob du dieselbe Eigenschaft hast, ob du sie kompensierst, oder ob du beides tust.*
- *Finde heraus, wie du dich selbst wegen dieser Eigenschaft quälst.*
- *Entscheide dich, ob du dich weiter quälen oder dem anderen helfen willst.*
- *Stelle dir vor, wie du die Selbstaggression losläßt und auf den anderen zugehst, dich mit ihm verbindest und ihm deine Unterstützung anbietest.*

Schließe dann die Übung mit der dritten Eigenschaft ab bzw. mit allen weiteren Eigenschaften, die noch der Heilung bedürfen, damit du diesen ‚Problem-Menschen' in völlig neuem Licht sehen kannst.

Weg 39
Negative Geschichten heilen

*I*m tiefsten Bereich unseres Geistes gibt es Muster, die tonangebend für unser Leben sind. Es handelt sich dabei um die Geschichten, die wir der Welt von uns erzählen. Sie lassen unsere Tag- und unsere Nachtträume entstehen. Unser Alltagsleben besteht aus diesen Geschichten. Diese Geschichten wurzeln in Idolen, Verschwörungen, Egostrategien und Seelenmustern. Idole sind jene Menschen, Orte, Dinge oder Situationen außerhalb unserer selbst, die wir zu falschen Göttern erhoben haben. Wir glauben, daß sie uns retten und glücklich machen werden. Verschwörungen sind Fallen, die wir uns so geschickt stellen, daß es aussieht, als würden wir niemals aus ihnen herausfinden können. Die dunklen Geschichten, die wir über unser Leben erzählen, versuchen ein gewisses Resultat zu erzielen, von dem wir meinen, daß es uns glücklich machen wird. Diese negativen Geschichten sind so machtvoll, daß sie unsere Mitmenschen zu Mitspielern in unserer Geschichte machen können. Unsere Seelenmuster sind die Probleme und Themen, die wir in diesem Leben zu lösen gekommen sind, und ein Seelenmuster zeigt sich in der Regel durch das, was in unserer Ursprungsfamilie geschieht. Das Ego kann unsere Idole, Verschwörungen, Seelenmuster und dunklen Geschichten als Teil seiner Strategie benutzen, die uns gemäß seinen Versprechungen glücklich machen wird, was jedoch niemals der Fall ist.

Unsere Geschichten, sowohl die düsteren als auch die glücklichen, entspringen dem tiefsten Teil unseres Geistes, sie bestimmen den Gang unseres Lebens und wie wir mit anderen zurechtkommen. Wenn uns diese Geschichten in eine negative Richtung führen und wir sie nicht verändern, dann beschwören sie unaufhörlich Versagen und Schmerz herauf. Häufig vorkommende negative Geschichten sind ein gebrochenes Herz, Angst, Schuld, Aufopferung, Tragödie, Seifenoper, Krieg, Rebellion, Machtkampf, Tod, Trotz, Bosheit, Unheil, Bedürftigkeit, Kontrolle und Rache. Zu den Heilungsgeschichten gehören Glücklichsein, Erfolg, Abenteuer, Komödie, Wunder, Sorgenfreiheit, ein schönes Leben, Held, spirituelle Odyssee, Erlösung und Erwachen.

Anhand der Geschichte eines gebrochenen Herzens wollen wir untersuchen, wie eine solche Geschichte unsere Beziehungen beeinträchtigt und es uns schwer macht, mit anderen Menschen zurechtzukommen. Du kannst den besten Therapeuten der Welt haben, der dir hilft, die ‚Herzensbruchmuster' deiner Kindheit und deines Erwachsenenlebens zu heilen; wenn dieser Therapeut jedoch nicht erkennt, daß darunter ein noch tieferliegendes Muster einer ‚Herzensbruch'-Geschichte abläuft, wirst du weiterhin an gebrochenem Herzen leiden. Das kann natürlich enorm schädliche Auswirkungen darauf haben, wie wir mit anderen Menschen umgehen.

Es gibt drei bestimmte Erscheinungsformen, in der ‚Herzensbruch'-Geschichten auftreten können. Eine solche Geschichte kann auf etwas beruhen, was von einer Generation zur anderen weitergegeben wurde, sie kann von einer schmerzlichen Geschichte herrühren, die wir aus irgendeinem falsch verstandenen Grund erzählen, oder sie kann auf dem Bild eines „vergangenen Lebens" beruhen. Dieser letztgenannten Geschichte werden wir uns im Kapitel „Karmische Geschichten" widmen (Weg 44).

Wir erzählen negative Geschichten, um eine Erfahrung zu machen, von der wir glauben, daß sie uns glücklich machen wird. Wir haben einen Plan für unser Glücklichsein aufgestellt. Zuerst und vor allem müssen wir erkennen, daß unser Plan für Glücklichsein in dieser Weise einfach nicht funktioniert. Er wurde von unserem Ego aufgestellt – dem Prinzip der Trennung in unserem Geist. Dies bedeutet, daß unser Ego Angst hat vor Liebe, Kreativität, Fülle und Glück. Es versucht sich selbst groß zu machen, zu gewinnen oder zu verlieren, die Kontrolle zu erlangen und sich für uns unverzichtbar zu machen, damit wir uns mit unserem Ego identifizieren. Wenn es dieses Ziel erreicht hat, dann sorgt es dafür, daß wir unser Anderssein behüten, und ist eifrig auf der Hut, sich gegen die kleinste wahrgenommene Kränkung zu schützen.

Ziel der negativen Geschichten, die wir von unserem Leben erzählen, ist es z. B., etwas zu bekommen, uns selbst anzugreifen, eine Entschuldigung zu haben, uns vor bestimmten Ängsten zu schützen, Schuld abzuzahlen, einen anderen Menschen oder uns selbst zu kontrollieren, einen anderen zum Verlierer zu machen, etwas zu beweisen oder sich an jemandem zu rächen. Zuweilen funktionieren diese Strategien, doch sie machen uns niemals glücklich, und das ist unser größter Irrtum.

Generationsübergreifende Geschichten, Schmerz, negative Muster und sogar die Neigung zu bestimmten Krankheiten werden innerhalb der Familie weitervererbt. Dieses Erbe hat seinen Ursprung in einem Trauma, das sich in einer bestimmten Generation ereignete, und wird von Generation zu Generation in Form von ungelösten emotionalen oder körperlichen Symptomen so lange weitergegeben, bis ein Familienmitglied dieses Trauma heilt und die Familie befreit.

Wir wollen nun daran arbeiten, uns von diesen negativen Geschichten zu befreien, die eine so große Rolle dabei spielen können, wie wir mit anderen Menschen auskommen. Eine dunkle Geschichte in unserem Inneren bedeutet, daß wir nicht nur mit unseren Mitmenschen, sondern auch mit uns selbst uneins sind.

Übung

Bei den folgenden Übungen kannst du entweder intuitiv mit dir alleine arbeiten, oder du kannst dein Höheres Bewußtsein darum bitten, daß die Hauptgeschichte, die dir Probleme bereitet, sich dir am nächsten Tag oder in der nächsten Woche auf leicht erkennbare Weise zeigen möge. Frage dich auch, wieviele negative Geschichten dieser Art dich zur Zeit beeinflussen. Sobald du erkannt hast, welche negativen Geschichten in dir ablaufen, kannst du dich dafür entscheiden, sie gehen zu lassen. Oder du kannst dein Höheres Bewußtsein bitten, sie zu entfernen und durch das Geschenk zu ersetzen, das sie verborgen haben. Sobald du deine negativen Geschichten entdeckt hast, kann dir die folgende Übung helfen zu verstehen, warum du sie gewählt hast, und dich von ihnen zu befreien.

Es kann sehr hilfreich sein, wenn du verstehst, welche Strategien du für eine Geschichte hast und warum du eine negative Geschichte wolltest. Sobald du erkennst, daß diese Strategien für dich niemals funktioniert haben, kannst du diese Geschichten, mit denen du ein schlechtes Geschäft gemacht hast, loslassen.

Antworte auf die nachfolgenden Fragen intuitiv oder finde die Antworten spontan. Wenn du über die Fragen nachdenkst, anstatt das zu nehmen, was dir zuerst in den Sinn kommt, hat dein Ego bereits deine Antworten blockiert und in der Regel eine eigene Antwort geliefert.

Du kannst natürlich nur dann blockiert werden, wenn du davon abgehalten werden möchtest, deine wahren Antworten zu finden.

Wenn ich wüßte, was ich durch diese Geschichte zu bekommen versuchte, dann war es möglicherweise _____ .
Wenn ich wüßte, vor welcher Angst ich mich schützen wollte, dann handelte es sich möglicherweise um _____ .
Wenn ich wüßte, welche Schuld ich abzuzahlen versuchte, dann handelte es sich möglicherweise um _____ .
Wenn ich wüßte, wen ich zum Verlierer machen wollte, dann war es möglicherweise _____ .
Wenn ich wüßte, wen und inwiefern ich zu kontrollieren versuchte, dann handelte es sich möglicherweise um _____ .
Wenn ich wüßte, auf welche Weise dies meine Lebensaufgabe verbergen sollte, dann war es möglicherweise _____ .
Wenn ich wüßte, was ich zu beweisen suchte, dann handelte es sich möglicherweise um _____ .
Wenn ich wüßte, nach welcher Entschuldigung ich suchte, dann handelte es sich möglicherweise um _____ .
Wenn ich wüßte, warum ich mich selbst anzugreifen versuchte, dann möglicherweise aus dem Grunde, daß _____ .
Wenn ich wüßte, an wem ich mich, außer an mir selbst, rächen wollte, dann war es möglicherweise _____ .
Wenn ich wüßte, woran bzw. an wem ich festzuhalten versuchte, dann handelte es sich möglicherweise um _____ .

Obwohl manche dieser Antworten dir gewichtiger erscheinen mögen als andere, laufen jedoch alle diese dynamischen Kräfte gleichzeitig ab. Du kannst die Entscheidung treffen, alle diese Strategien als großen Fehler und schlechte Investition gehen zu lassen, und du kannst dasselbe mit deinen dunklen Geschichten machen und darum bitten, daß Liebe, Erfolg oder glückliche Geschichten ihren Platz einnehmen mögen.
Frage dich, welche und wieviele negative Geschichten mütterlicherseits in deiner Familie weitervererbt wurden. Stelle dir dann dieselbe Frage in bezug auf die väterliche Seite deiner Familie.
Nehmen wir beispielsweise an, seitens deines Vaters wurden drei Schuld-Geschichten, zwei ‚Herzensbruch'-Geschichten und eine Auf-

opferungs-Geschichte innerhalb der Familie weitergegeben, und mütterlicherseits wurden vier Kontroll-, drei Angst-, zwei ‚Herzensbruch'– und eine Aufopferungsgeschichte weitervererbt.

Stelle dir dann vor, daß dein Vater vor dir steht. In dir sind nicht nur all die negativen Geschichten, die du geerbt hast, sondern auch die Gaben, die diese Geschichten aufzulösen vermögen. Gehe tief nach innen und öffne in deinem Geist die Tür zu dem Geschenk bzw. den Geschenken, die du mitgebracht hast, um deinen Vater und deine Vorfahren von diesen Schuld-Geschichten zu erlösen. Laß dich von diesen Gaben durchströmen, und erfülle dann deinen Vater mit ihnen. Wenn er erfüllt ist von diesen Geschenken, ist seine Schuld-Geschichte aufgelöst. Dann sieh, spüre oder empfinde, wie diese Geschenke zurückfließen durch alle vorangehenden Generationen, bis alle deine Ahnen frei sind.

Gehe dann zur nächsten negativen Geschichte mit deinem Vater. Wiederhole diese Übung, bis dein Vater frei ist. Vervollständige dann die Übung mit deiner Mutter.

Du bist gekommen, um dich und deine Vorfahren zu befreien und dich an all den Gaben zu erfreuen, die sie dir vererbt haben.

Weg 40
Verbundenheit und gesellschaftlicher Wandel

*W*eltweit steht die Gesellschaft bei allem Konkurrenzkampf kurz davor, die Bedeutung von Verbundenheit und Partnerschaft zu entdecken, und diese Entdeckung wird unsere Rettung sein. Das Endstadium der Nicht-Verbundenheit, zu dem die gesellschaftliche Entwicklung im Westen geführt hat, ist das Stadium, in dem vor einer Generation die meisten Menschen starben. Die Auswirkungen der letzten Stadien der Nicht-Verbundenheit sind Aufopferung, Erschöpfung, hartes Arbeiten und Kämpfen ums bloße Durchhalten sowie ein abgestumpftes Gefühlsleben, eine abgetötete Sexualität, Angst vor Nähe, Angst vor Erfolg und das Ausleben von Rollen, Regeln und Pflichten. Alle unsere Rollen sind Kompensationen für Gefühle des Versagens. In diesem Stadium ist politische Korrektheit, bei der es eher um ein formell korrektes als um ein authentisches Leben geht, zu einer Lebensform geworden. Wir fühlen uns deprimiert, ausgebrannt, überlastet oder – in selteneren Fällen – auch träge. Wir arbeiten hart und sind insgeheim für Schwierigkeiten dankbar, kämpfen jedoch heldenhaft dagegen an, um unseren Wert zu beweisen. Wenn wir durch unsere Rollen am Ende unserer Kräfte angelangt sind, taucht das Gefühl auf, versagt zu haben, und mit ihm lockt die Todesversuchung. Wir verfangen uns in toten Beziehungen, in Beziehungslosigkeit oder in Dreiecksbeziehungen.

In diesem Stadium ist Konkurrenzkampf zu einer Kunstform geworden, doch wir erkennen nicht, daß wir ihn benutzen, um Angst zu verbergen und den nächsten Schritt zu vermeiden. Wir konzentrieren uns auf das Gewinnen, anstatt einen Schritt nach vorne auf eine neue Ebene des Erfolgs zu machen. Im Wettkampf versuchen wir zu siegen oder uns zurückzuziehen, um nicht verlieren zu müssen, und fürchten uns dabei die ganze Zeit vor der Nähe und der Partnerschaft, die den einzigen Weg nach vorne darstellt. In den USA haben die Republikaner und Demokraten der Clinton-Ära dieses Todeszonen-Stadium des Konkurrenzkampfes in der amerikanischen Politik lebhaft ausagiert, einschließlich der damit verbundenen Fallen und Bankrotterklärungen. All dies zeigt eine Angst, den Schritt in Richtung Veränderung und einer neuen Lebensweise zu machen, die Partnerschaft, Erfolg und Nähe fördert.

Der nächste Schritt, den wir, jeder für sich alleine und als Gemeinschaft, gehen können, ist ein Schritt der Partnerschaft, der Kooperation und des kollektiven Erfolgs, so daß wir eng verbunden mit den Dingen und den Menschen leben und unser Leben wahrhaft genießen können. Sobald wir endgültig erkannt haben, welch leere Fassade die Nicht-Verbundenheit ist, nachdem wir ihrem Weg so weit wie nur irgend möglich gefolgt sind, erlangen wir die Reife zum Übergang in die wechselseitige Verbundenheit (Interdependenz). Wenn mehr und mehr Menschen sich dafür entscheiden, wird es eine Bewußtseinsveränderung von beispiellosem Ausmaß geben und damit auch eine massive Veränderung in unserem Beziehungsverhalten und unserem Zusammensein mit anderen. Wenn wir sehen, daß es eine bessere Lebensweise gibt – wie Partnerschaft, Gegenseitigkeit, gemeinsamen Erfolg, Freundschaft, Verständnis und Offenheit, Kooperation und Verbundenheit –, werden wir merken, daß wir die Erstarrung und Leere Schicht für Schicht wegfallen lassen können. Wir gehen dann auch durch den Zweifel hindurch, mit dem uns das Ego in einem letzten Verteidigungsversuch bombardiert, um uns vom Akzeptieren der Ethik des Verbundenseins und der Kooperation abzuhalten. Wir beginnen uns zu erheben, zu erforschen, zu untersuchen und zu prüfen und wählen am Ende den neuen Weg. Wir entdecken die Wahrheit, daß Erfolg und menschliche Nähe aus vollem Herzen unser ganzes Engagement und unsere Authentizität erfordern.

Wenn wir in Unabhängigkeit und nur für uns selbst leben, kennen wir nicht das Gefühl der Leichtigkeit und Freiheit, das mit der Schlüsselethik der Partnerschaft und Verbundenheit einhergeht. Gegenseitigkeit, Hilfe und Freundschaft werden dann zu einem Lebensstil. Wir sind bereit, die Früchte unseres Führungsverhaltens zu ernten, wenn wir aufgerufen sind, unseren Mitmenschen zu helfen. Damit nehmen wir unsere Begabungen an, und dazu gehören Verstand, Intelligenz, Bewußtheit, Humor, Spontaneität, Inspiration, Intuition, Anziehungskraft, Charme, Charisma, Brillanz, Schwung und Lebenskraft, Unwiderstehlichkeit, Glück und vieles andere mehr. Schließlich können wir durch Partnerschaft wieder empfangen und genießen. Das Leben wird leicht, und es gibt ein neues Fließen vorausgeahnter Fülle.

Der Humor, die Belohnung, die Weichheit, der Erfolg, das Spielerische und der Spaß, die wir auf dieser Ebene erleben, schenken uns neue Kraft. Die Welt wird wieder neu mit der Aussicht auf Freunde, die sich gegenseitig helfen und die an die Stelle des mehr oder weniger verborgenen Konkurrenzkampfes, der Angst und Getrenntheit treten, welche die Gesellschaft, die Familien und Beziehungen eher in Gefangenschaft als in Verbundenheit leben lassen. Dieses ganze Getrenntsein beruht auf der Trennung, der Angst und dem Mangel bindungsloser Familien, die über Generationen weitergegeben wurden und uns emotional, kreativ und beziehungsmäßig zum Krüppel gemacht haben. Doch wir befinden uns an einem Ort, der kurz vor einem Bewußtseinswandel steht. Wir haben die Möglichkeit, den Vorwärtssprung auf unbekannte Ebenen des Wohlstandes und des Friedens zu machen, die aus Gegenseitigkeit und Teamarbeit hervorgehen. Jeder Mensch, der sich für Partnerschaft und Verbundenheit einsetzt, hilft uns allen voranzukommen. Dadurch können wir kooperativ und effizient arbeiten – was bedeutet, daß wir nicht härter, sondern geschickter arbeiten. Verbundenheit bringt uns automatisch mehr Gleichgewicht in Familie und Beruf. Es ist eine Zukunft, in der jeder einen Platz hat und jeder gewinnen kann.

Übung

Entscheide dich heute von ganzem Herzen und mit aller Entschlußkraft dafür, in Partnerschaft, Verbundenheit und Freundschaft zu leben. Mache diese Dinge zu deinem Lebensziel und zum Schlüsselprinzip, nach dem du lebst.

Mache dir keine Sorgen um die Zukunft und darüber, ob du deine Ziele erreichen kannst. Entscheidend ist diese erste bedeutungsvolle Wahl. Wenn wir im Leben und in Beziehungen weitergehen, werden immer wieder Lektionen und Herausforderungen für neues Engagement auftauchen, doch es ist wichtig, daß wir uns jetzt diesem Ziel verpflichten. Behalte dieses Prinzip immer in Erinnerung, vor allem dann, wenn Probleme auftauchen. Frage dich: Was kann ich tun, um die Lage zu verbessern? Wie kann ich ein besserer Freund, ein besserer Partner sein? Wie können wir beide gewinnen?

Sage dir folgendes und lege Kraft und Gefühl in deine Worte hinein: „Ich entscheide mich für Partnerschaft, Verbundenheit und Freundschaft in meinem Leben. Ich lebe nach dem Prinzip der Gegenseitigkeit für den Erfolg aller."

Dies ist besonders wichtig, wenn du Konflikte oder Probleme hast. Nimm dir ein paar Minuten Zeit, schließe deine Augen und beobachte, welche Lösung in dir auftaucht. Dein Höheres Bewußtsein weiß immer eine Möglichkeit, wie alle gewinnen können. Laß deinen Geist so friedvoll werden, daß diese Möglichkeit zu dir kommen kann. Frage nach der Wahrheit. Wünsche dir die Wahrheit von ganzem Herzen. Nur das Eingreifen des Egos wird dich im Konflikt festhalten können, wenn es eine Möglichkeit gibt, daß ihr beide Erfolg haben könnt. Dieses Engagement hilft uns, die Probleme zu bewältigen, mit denen unser Leben und unsere Beziehungen gegenwärtig konfrontiert werden, und ihre Lösung wird zur Weisheit, mit der wir anderen helfen können, die diese Lektionen ebenfalls lernen.

Weg 41
Schattenfiguren

Ein Schatten ist ein Aspekt, eine Eigenschaft oder eine Überzeugung bezüglich der eigenen Person, die wir hassen. Diese Selbstkonzepte können in unserem Leben auftreten, wenn wir irrtümlicherweise einen Teil unserer selbst verurteilen und abspalten, der unserem Gefühl nach „gesündigt" hat. Dann unterdrücken wir diesen Teil und projizieren ihn auf unsere Umwelt, um uns von den daraus erwachsenden Schuldgefühlen fernzuhalten. Wir spielen viele Rollen wie den „netten Menschen", den „guten Menschen", den „Konformisten" und den „harten Arbeiter", um diese negativen Selbstkonzepte oder Schatten zu verdecken und zu kompensieren. Dies erlaubt uns nicht, die Früchte der guten Taten und der harten Arbeit zu empfangen, die diese Selbst-Persönlichkeiten vollbringen, da es sich in Wirklichkeit um eine Verteidigungsmaßnahme und nicht um wahres Geben handelt. Diese Kompensationen, die beweisen sollen, daß wir wirklich gute Menschen sind, führen zu Aufopferung und zu Gefühlen der Leblosigkeit und des Ausgebranntseins.

Das Ego baut auf diesen Rollen und Schattenfiguren auf, die Schuldgefühle, Angst und Trennung in sich bergen. Hier ein klassisches Beispiel, wie das Ego funktioniert: Wenn wir jung sind und uns von unseren Eltern trennen, läßt uns das Ego aufgrund unserer verlorenen Verbundenheit glauben, daß wir unsere Eltern getötet und ihre Geschenke gestohlen haben. Das bringt uns Schattenfiguren wie „Versager", „Dieb", „Mörder", „Waise", „Betrüger" und „Rebell". Wir unterdrücken dann diese Schatten, greifen uns aber immer noch dafür an. Dieser Selbstangriff beruht auf den Schuldgefühlen, die unter unserem Schmerz oder den Klagen über unsere verlorene Verbundenheit verborgen sind. Da wir diese Schuldgefühle nicht aushalten können, geben wir sie weiter oder projizieren sie auf andere Menschen in nah und fern und verurteilen diese Menschen für das, was in uns ist.

Jeder Mensch hat viele Schattenfiguren. Neben den bereits erwähnten möchte ich nachfolgend noch einige weitere typische Schattenfiguren nennen, die im Laufe der Jahre recht häufig aufgetaucht sind: Zerstörer, schwarze Witwe, Narr, Teufelsweib, perverser Mensch, Menschenschinder, Betrüger, Invalide, armselige Gestalt, dunkle Göttin, Bürokrat, Folterknecht, Vernichter, Eindringling, Tyrann, Hitler, Bastard, Hure, Nehmer, Benutzer, Verführer, Vergewaltiger, Rowdy, Blödmann, Schläger, Manipulierer, Vampir, Bürokrat, Mafioso, Kontrolleur, Monster, Psychopath, Soziopath, Schwächling, seelenloses Wesen, Giftmensch und vieles andere mehr. Jede Person kann zu einer Schattenfigur werden.

Da wir nicht in der Lage sind, diese Selbstkonzepte auszuhalten, greifen wir sie ständig in uns an und fürchten uns im Traum oder im Leben vor ihnen. Wenn wir sie durch unsere Projektion als etwas außerhalb von uns betrachten, verurteilen wir sie und greifen sie entweder an oder versuchen sie zu meiden. Wir fühlen uns durch ihre bloße Gegenwart angegriffen und werden manchmal auch tatsächlich von ihnen attackiert. Unsere inneren Schattenfiguren wirken wie ein Anker, der uns vom Weitergehen abhält. Das Ego benutzt sie, um noch dunklere Schatten zu verdecken, doch unter dem Strich betrachtet werden all diese Dinge vom Ego eingesetzt, um unsere wahre Güte, unsere Unschuld, unsere Liebe und Kraft zu verbergen. Das Ego benutzt Schatten insbesondere dazu, um geistige Tore zu verbergen, die zu einem das Bewusstsein erhebenden Ort der Initiation führen. Diese Tore verbinden uns mit verlorenen oder abgeschnittenen Teilen des Geistes. Da wir dazu neigen, vor schattenerfüllten Teilen des Geistes zurückzuscheuen, benutzt das Ego die Schatten, um jene Tore zu verbergen. Die Schatten in unserem Geist sind keine Festkörper, sondern gleichen eher einer 3D-Projektion, und das Tor ist im Schatten verborgen.

Die „Monster" und die „üblen Typen", die uns in unseren Träumen verfolgen, sind nichts anderes als unsere Schattenfiguren, die nach Hause zurückkehren wollen und sich nach Vergebung und Integration sehnen. Wenn wir im Äußeren einem Menschen vergeben, der für uns eine Schattenfigur darstellt, hat dies im Inneren den heilenden Effekt der Selbstvergebung und Integration der Schattenfigur. Dies verwandelt in uns die gesamte negative Schattenenergie in positive Energie, die ein Gegenmittel gegen zukünftige Negativität dieses Schattentyps enthält. Wenn wir dem Schatten in uns vergeben und ihn integriert haben, hören wir auf, die Menschen in unserer Außenwelt zu verurteilen und sie zur Projektionszielscheibe zu machen. Dies erlaubt uns, die Schuldlosigkeit des anderen zu sehen und die Hilferufe jener Menschen zu hören, auf die wir anderenfalls unsere negativen Selbstkonzepte projizieren würden.

Übung

Wer stellt in deinem Leben eine Schattenfigur dar, und welche Schatten-Eigenschaften kannst du nicht ausstehen?
In der Regel gibt es drei Verhaltensweisen, die wir ausagieren, wenn wir jemanden zum Gegenstand unserer Projektion gemacht haben. Bei der ersten erkennen wir, daß wir genau dasselbe tun wie unser Schatten; bei der zweiten versuchen wir unseren Schatten zu verstecken und ihn zu kompensieren und haben das Gefühl, eher sterben zu wollen, als jemals so zu handeln wie er. Wir sind entsetzt oder fühlen uns beleidigt angesichts der Vorstellung, daß jemals ein Mensch annehmen könnte, wir seien so wie unser Schatten. Der dritte Projektionsstil übernimmt von beiden Verhaltensweisen etwas.
Wenn wir kompensieren, wird es für uns schwierig, uns überhaupt mit den Schattenfiguren zu identifizieren. Dann ist es hilfreich, deine Intuition zu befragen, wann du diesen Teil deiner selbst verurteilt und abgespalten hast.

Frage dich:
Wenn ich wüßte, wann ich diesen Teil meiner selbst verurteilt und abgespalten habe, dann war es im Alter von _____ .
Wenn ich wüßte, wer daran beteiligt war, dann war es vermutlich _____ (Name/n) .
Wenn ich wüßte, was geschah, das mich diesen Teil meiner selbst verurteilen ließ, dann handelte es sich um _____ .
Danach frage dich:
Wenn ich wüßte, welche Rolle bzw. Rollen ich spielte, um diesen Schatten zu kompensieren, dann handelte es sich wahrscheinlich um die Rolle/n des _____ .
Wenn ich wüßte, wie viele Schattenfiguren dieser Art ich in dieser Hinsicht habe, dann sind es wahrscheinlich _____ .

Wenn ich wüßte, mit wie vielen Rollen ich dies zu kompensieren suchte, dann waren es wahrscheinlich _____ .

Stelle dir nun vor, daß all diese Schatten vor dir stehen. Stelle dir vor, wie sie alle zu einer einzigen großen Schattenfigur verschmelzen. Danach nimm all die Rollen und Kompensationen, mit denen du diese Schattenfiguren bisher verborgen hast.
    Sieh sie vor dir und lasse sie alle zu einer einzigen großen Kompensation verschmelzen.
    Laß dann die Schattenfigur und die Kompensationsfigur miteinander verschmelzen. Nimm das, was übrig ist, mit offenen Armen an und lasse es in dich hinein schmelzen. Gehe einige Augenblicke in die Stille und nimm das Gefühl wahr, das aus dieser Integration entsteht.

Weg 42
Auslegerboote

In Hawaii besitzt jedes Kanu einen Ausleger, um ohne zu kentern im Meer navigieren und überleben zu können. An jedem anderen Ort außerhalb des Wassers sind diese Ausleger unhandlich und schwer. Wir haben ähnliche Ausleger in Beziehungen, da wir Angst vor Nähe haben, und sie halten uns zurück. Diese Beziehungs-Ausleger sind vielzählig und vielfältig, eines jedoch ist sicher, nämlich die Tatsache, daß die Zahl der Ausleger, die unser Partner hat, der Zahl an Auslegern entspricht, die wir selbst haben. Wir mögen uns über die seinen beschweren, bis wir „schwarz werden", doch sie werden sich nicht ändern, solange wir nicht die unsrigen zuerst loslassen.

Wenn wir keine Beziehung haben, haben wir manchmal so viele hinderliche Ausleger, daß wir es nicht einmal schaffen, unser Kanu zu Wasser zu lassen. Wir können die Zeit damit verbringen, uns über das andere oder das eigene Geschlecht zu beschweren oder es anzugreifen, doch es wird uns nichts nützen; es wird unsere Ausleger und ihre Unattraktivität in Beziehungen nicht verbergen. Die folgenden unappetitlichen Ausleger vertreiben einen Partner, weil er Angst hat, daß sie offen oder verborgen in Erscheinung treten könnten: Affären, Mangel an emotionaler Integrität (wie Hysterie, Bedürftigkeit, Unabhängigkeit und Distanziertheit), Überlegenheit und Unterlegenheit, Vergleich, übermäßiges Arbeiten und Faulheit, Verschmelzung mit einem Familienmitglied, Flirten und Eifersucht, Festhalten an einer alten Beziehung oder an alten Erinnerungen, Erwartungen, Pornographie und Phantasievorstellungen, Kontrolle, Rollen, Regeln und Pflichten, eine Gewinner-Verlierer-Einstellung, Abhängigkeiten, Selbstsucht, innere Zwänge, Tabus, übermäßiger Gebrauch formaler Elemente, Forderungen, Aufopferung, Aggression oder Rückzug in der Sexualität, Vorwürfe, aggressive Kommunikation, Opfer- oder Täter-Einstellungen. All dies sind Formen von Auslegern, die wir dazu benutzen, uns vor und in Beziehungen zu schützen. Tatsächlich können auch viele „gute" Dinge als Ausleger benutzt werden wie beispielsweise Computer, Telefon, Sport, Fernsehen, Lesen, Lernen,

Hobbys, Hilfe für andere, Familie, Politik, Arbeit, Geschäfte, Geschäftigkeit, Kinderbetreuung und vieles andere mehr. Diese Ausleger führen in einer Beziehung gleichermaßen zu Machtkampf und zu Leblosigkeit.

Jede Beschwerde, die wir über einen anderen Menschen, vor allem einen Liebespartner, haben, bedeutet zunächst, daß es in uns selbst etwas gibt, was genauso schlecht ist. Dies mag recht gut versteckt sein, vielleicht ist es aber auch nur vor unseren eigenen Augen verborgen. Wenn es uns zunächst gelingt, ehrlich zu uns selbst zu sein und unsere eigene entsprechende Verhaltensweise bzw. Einstellung zu erkennen, dann können wir Schritte unternehmen, um das zu verändern, was uns zurückhält. Dann wird es auch eine entsprechende Verhaltensänderung bei diesem anderen Menschen bzw. unserem Partner geben. Dies wird wie von selbst geschehen, sofern wir den betreffenden Menschen nicht benutzt haben, um uns selbst zurückzuhalten; in diesem Fall müßten wir ehrlich zu uns selbst sein und einen Schritt weitergehen. Alles Negative in einem Menschen wird eine Erfahrung von Leid erzeugen, und zwar bis zu dem Grad, wie wir selbst ein entsprechend negatives Thema in uns tragen. Wir können wählen, in Frieden zu sein. Wir können wählen, den aufwühlenden Konflikt in uns zu finden und uns selbst und dem anderen zu vergeben. Wir können wählen, uns nicht gegen die Dinge zu verteidigen, die wir uns am meisten wünschen.

Übung

Jetzt ist der Zeitpunkt gekommen, uns selbst genau und aufrichtig zu überprüfen, wenn wir Erfolg haben wollen. Gibt es etwas, worüber du dich bei einem Menschen heftig beschwerst? Ganz bestimmt gibt es irgend etwas, was dir an deinem Partner oder an Männern bzw. Frauen im allgemeinen, an Vorgesetzten oder an Untergebenen etc. nicht paßt. An der Stärke deiner Beschwerde kannst du erkennen, wie stark das „Problem" in dir ist. Wir mögen es gut verdeckt haben, doch es wird uns und unsere Mitmenschen beeinflussen. Wir mögen blind für unser eigenes Problem sein, unseren Mitmenschen jedoch fällt es deutlich ins Auge.

Es ist wichtig, daß wir das, was wir an anderen sehen, als eine Chance zur Selbsterkenntnis und Heilung nutzen. Tun wir dies nicht, so werden wir blind, rechthaberisch, sturköpfig und nörglerisch.

Sobald wir das „Problem" in uns erkannt haben, können wir unser Höheres Bewußtsein um Hilfe bitten. Sobald wir unseren Fehler anerkannt und erkannt haben, daß es mit Sicherheit einen besseren Weg gibt, der naturgemäß mehr Selbst-Bewußtheit und Erfolg mit sich bringt, können wir uns für Veränderung entscheiden.

Eine andere Möglichkeit besteht darin, unsere Ausleger in die Kompensationen bzw. Maskeraden zu integrieren, die wir für das betreffende Verhalten hatten, und dann alles zusammen in unser Höheres Selbst zu integrieren, bis alle Schichten geklärt sind. Dies ist ganz einfach. Du stellst dir lediglich vor, daß das Problem mit der Rolle, die es verbarg, und deinem Höheren Bewußtsein verschmilzt. Wenn dies geschieht, wird Frieden in dir sein und die Bereitschaft, mit deinem Partner bzw. dem Menschen, über den du dich beschwert hast, eine Verbindung einzugehen. Ehrlich gesagt: Es wird diesen Menschen erst durch deine Hilfe, Unterstützung, Kommunikation und Selbstheilung besser gehen. Alles andere wird eher in einen Kampf ausarten. Du kannst vielleicht auf deinem Recht beharren, aber du wirst leiden, und mit Verurteilung und Gejammer kann es nur noch schlimmer werden.

Weg 43
Unsere Beziehung zu anderen zeigt unsere Selbstkonzepte

Jeder Mensch in unserem Umfeld spiegelt mindestens eines unserer Selbstkonzepte wider. Die Welt ist ein großer Spiegel, der all unsere Selbstkonzepte als Bild zu uns zurückwirft. Bei unseren Selbstkonzepten handelt es sich um Überzeugungen in bezug auf die eigene Person, die unsere Wahrnehmung prägen und unsere Erfahrung erschaffen. Bei allen Überzeugungen handelt es sich auf einer bestimmten Ebene um Überzeugungen, die sich auf uns selbst beziehen. Alles Negative, was wir von anderen Dingen oder Menschen glauben, glauben wir auch von uns selbst. Wir tragen buchstäblich Zehntausende von Selbstkonzepten in uns. Jedes Selbstkonzept besitzt ein eigenes Logiksystem, weshalb es in unserem Geist viele verschiedene Denkweisen geben kann. Dies bedeutet auch, daß es Konflikte geben kann, und zwar nicht nur in bezug darauf, wie man zu einer Antwort gelangt, sondern auch hinsichtlich der Antwort selbst. Da alle Antworten zu unserem Glücklichsein führen sollen, hat jedes Selbstkonzept seine eigene Vorstellung davon, was Glücklichsein bedeutet. Konflikte sind das Ergebnis eines Wettstreits zwischen zwei oder mehreren Selbstkonzepten, die alle ihr eigenes Glücksziel zu erreichen versuchen. Ein Konflikt mit anderen Menschen ist ein nach außen projizierter innerer Konflikt.

Jedes Selbstkonzept ist infolge des Verlusts der eigenen Mitte in uns entstanden, die voller Gnade, Gleichgewicht, Licht, Frieden, Glücklichsein, Schuldlosigkeit, Verbundenheit und Kraft ist. Bei jeder erfolgten Trennung und dem damit einhergehenden Verlust an Verbundenheit begannen Selbstkonzepte zu sprießen. Diese Selbstkonzepte boten uns Illusionen, die Fehltritte und Schmerz hervorriefen. Oder sie bescherten uns Aufopferung und die Überzeugung, daß wir manchmal verlieren müssen, um Erfolg haben zu können. Wir versuchen dann die Aufopferung zu verteilen, damit wir nicht alleine die gesamte Last tragen müssen, was unsere Partner entweder weniger attraktiv oder kampfbereiter macht.

Wir haben sogar selbstzerstörerische oder selbstmörderische Selbstkonzepte entwickelt, die vor unserem Bewußtsein ziemlich gut verborgen sein können, deren Mißverständnis jedoch so groß ist, daß sie meinen, unser Tod würde zu Frieden, Glücklichsein oder wenigstens einem Ende des Schmerzes führen. Ich habe oft erlebt, daß ein „dreijähriges Selbst" im Inneren eines Menschen glaubte, der beste Weg, dem Leid zu entkommen, bestünde darin, zu sterben oder getötet zu werden. Schließlich gibt es noch Selbstkonzepte, die im Koma liegen oder sogar tot sind. Dabei handelt es sich um Selbstkonzepte, die durch Aufopferung so überlastet oder derart von Schmerz überwältigt waren, daß sie bewußtlos wurden oder starben. In uns begraben, haben diese Selbstkonzepte eine äußerst negative Wirkung auf uns und können in unserer Welt von Menschen widergespiegelt werden, die im Sterben oder im Koma liegen. Ein in uns gestorbenes Selbst kann sich später als Fehlgeburt, Totgeburt oder Abtreibung zeigen, um nur einige Aspekte zu nennen. Diese Selbstkonzepte können sehr schmerzliche, traumatische Ereignisse in unserem Leben inszenieren, die das Ego dann dazu benutzt, unseren begrabenen Schmerz zu verstärken, und die unser Höheres Bewußtsein dazu benutzt, um uns auf unseren begrabenen Schmerz und die toten „Selbste" in uns aufmerksam zu machen, die auf Heilung warten. Die negativen „Selbste" können ein gebrochenes Herz und eine Tragödie in unser Leben bringen.

Ein Weg, um Probleme dieser Art zu heilen und ihnen sogar vorzubeugen, besteht darin, die Selbstkonzepte aufzulösen, sobald wir sie entdecken. Diese Auflösung kann auf vielerlei Weise geschehen, beispielsweise durch Loslassen oder durch das Treffen einer neuen Entscheidung, sobald wir die beteiligten Selbstkonzepte aufgedeckt haben. Vergebung, Integration, das Auffinden der Geschenke und der tieferen Selbstkonzepte, die von den oberflächlicheren verdeckt werden, sind einige Möglichkeiten, um Selbstkonzepte zu heilen oder loszulassen.

In der Regel bauen wir auf unserem Weg durchs Leben unsere Selbstkonzepte auf, bis wir ein starkes Ego haben. Dabei werden wir sehr unabhängig, wir spalten die meisten unserer bedürftigen, schmerzlichen oder schuldigen Selbstkonzepte ab und errichten kompensierende Selbstkonzepte, die stark, unabhängig, fordernd, perfektionistisch, besorgt, festhaltend, hart arbeitend, geschäftig, überwältigend, kontrollierend, pflichtbewußt, in Rollen gefangen und aufopfernd sind.

Um uns von diesem Punkt aus weiterzuentwickeln, müssen wir beginnen, uns zu heilen, Partnerschaft und Verbundensein zu lernen und diese Selbstkonzepte loszulassen. Jedes Selbstkonzept verschafft uns eine Aufgabe und läßt nicht zu, daß wir das Leben über die momentane Freude hinaus genießen, die wir beim Erfüllen dieser Aufgaben verspüren. Wenn wir unsere negativen Glaubenssätze in bezug auf uns selbst loslassen, vor allem unsere Schattenfiguren und Selbsthaß-Konzepte, hören wir auf, uns derart hart zu bestrafen. Wenn wir die negativen und die kompensatorischen Selbstkonzepte, welche die negativen verbergen, integrieren, gelangen wir auf eine neue Ebene der Zuversicht, der integrierten Ziele und der Fähigkeit zu empfangen, was bestehende und potentielle Konflikte in unserer Welt gleichermaßen beendet. Mit unser Heilung geben wir die Trennung und die Grenzen des Egos auf, zugunsten von Liebe, Gnade und einem authentischen „Wir"-Gefühl, das auf einem wahrhaftigen und zentrierten Ich aufbaut. Mit unserem Voranschreiten und unserer Entfaltung wird das „Ich" immer weniger, und das Himmelreich nimmt immer mehr Raum ein.

Jedes Selbstkonzept stellt uns eine Aufgabe. Daher stammt unser „Tun". Wenn wir die Verbundenheit und unser „Sein" verlieren, schießt das „Tun" der Selbstkonzepte aus dem Boden. Unser Sein ist das Wesen, das wir in unserer Mitte sind, ein Kind Gottes. Unsere Aufgaben geben uns ein Gefühl für das, was wir zu tun haben. Darum entwickeln wir uns und wachsen in der Regel in unserem Werden. Unser Werden führt uns immer näher an unser eigentliches Sein heran, bis wir schließlich den größten Teil unserer Zeit in einem Zustand des Seins verweilen können. Dies erlaubt uns Effektivität, Glücklichsein und Liebe, ohne unbedingt etwas tun zu müssen. Unser Sein ist ein Ort, der frei ist vom Denken, ein stiller Ort, an dem die Gedankenbewegungen zur Ruhe gekommen sind – ein Ort sinnlicher Lebendigkeit, da wir nicht mit Denken oder Tun beschäftigt sind. Unsere Mitte ist ein Ort des Friedens, des Humors und der Freude, an dem mit jeder auftauchenden Frage und jedem entstehenden Problem auch gleichzeitig die Antwort erscheint.

Unser Geist ist überfüllt von Selbstkonzepten, die alle nach Aufmerksamkeit gieren, die alle die Show für sich alleine gestalten wollen, mit Ausnahme natürlich der deprimierten Selbst-Persönlichkeiten, die über gewisse Verluste nicht hinweggekommen sind, sowie der ausgebrannten Selbst-Persönlichkeiten, die durch Überarbeitung oder emotionale Überbelastung entstanden sind, und mit Ausnahme der bewußtlosen oder toten Selbst-Persönlichkeiten, die irgendwann mit dem Lenken unseres Lebens überfordert waren. Wenn wir diese Selbstkonzepte heilen oder loslassen, können wir den Streß über Bord werfen und uns frei fühlen. Je mehr dieser Selbstkonzepte wir loslassen, desto weniger leben wir unser Leben nach bestimmten Rezepten und desto mehr können wir Spontaneität und Kreativität genießen.

In der Regel haben wir Selbstkonzepte vom „netten", „guten" oder „hart arbeitenden Menschen", die unsere negativen Selbstkonzepte verbergen. Diese verbergen wiederum jene Selbstkonzepte, die wir am allermeisten hassen und die ihrerseits unsere wahre Identität als Kind Gottes verbergen, das alle Leichtigkeit, Gnade und Fülle verdient hat.

Übung

Nimm Papier und Bleistift zur Hand, hole dir einen Kassettenrecorder oder bitte jemanden, dir zu helfen. Stelle dir folgende Fragen oder lasse sie dir von einem anderen Menschen stellen:
Was beweist diese Situation in bezug auf dich?
Was immer dir in den Sinn kommt – und das ist immer die beste Methode, um diese Übung zu machen –, ist dein Selbstkonzept.
Nachdem du mit dieser Übung begonnen hast, frage dich bzw. lasse dich von deinem Freund fragen:
Die Selbstkonzepte, die von den vorherigen Selbstkonzepten verborgen werden, sind folgende _____ *.*

Während du dir diese Frage immer wieder stellst, wirst du in der Regel durch viele Schichten von Selbstkonzepten in deinem Geist hindurchgehen, manchmal wirst du von negativen und positiven Selbstkonzepten zu sehr düsteren, negativen Selbstkonzepten gelangen und schließlich zu ganz positiven. Wenn du zu den ersten positiven Selbstkonzepten kommst, ist es sinnvoll, noch ein wenig weiterzuge-

hen, da es unter ihnen häufig weitere Schichten von negativen Überzeugungen in bezug auf die eigene Person gibt.

Manchmal wird dir vielleicht gar nichts in den Sinn kommen, dann ist dein Gefühl oder deine Emotion die Antwort auf die Frage. Benenne einfach das Gefühl und mache mit der Übung weiter. Manchmal wird dir „Ich weiß nicht" durch den Kopf gehen. Dabei handelt es sich um ein „Ich weiß nicht"-Selbstkonzept. Nimm es einfach als Antwort und stelle dir erneut die Frage: „Die Selbstkonzepte, die von den vorherigen Selbstkonzepten verborgen werden, sind folgende ..." Normalerweise geht diese Übung leicht und flüssig voran, es kann aber auch passieren, daß das Ganze doch komplizierter ist. Unter diesen Umständen kann die Übung jedoch um so wertvoller sein. Manchmal dauert sie nur zehn Minuten, manchmal über eine Stunde. Mache so lange weiter, bis du einen Zustand der Freude erlangst.

Eigentlich kannst du jede Situation auf der Welt oder in deinem Leben als Ausgangspunkt für diese Übung nehmen; um jedoch bei unserem gegenwärtigen Schwerpunktthema zu bleiben, nimm den Menschen, mit dem du das größte oder hartnäckigste Problem hast. Frage dich einfach:

Bei dem Selbstkonzept, das diese Person bzw. Situation in bezug auf mich beweist, handelt es sich um _____ .

Ausgehend von den Selbstkonzepten, die auftauchen, wenn du die Frage stellst, welches Selbstkonzept dir diese Problembeziehung widerspiegelt, werden viele weitere auftauchen. Während sich ein Selbstkonzept nach dem anderen zeigt, stelle einfach immer wieder dieselbe Frage, bis du mindestens einige Minuten lang Gefühle der Freiheit und Seligkeit verspürst.

Stelle dir einfach immer wieder die Frage:
Dieses Selbstkonzept verbirgt das Selbstkonzept von _____ .
Dies wiederum verbirgt _____ .

Du wirst feststellen, daß mit jedem neuen Selbstkonzept, das du findest, das vorhergehende verblaßt, da es auf einer gewissen Ebene nur ein Verteidigungswall war, der ein tieferes Selbstkonzept verborgen hat. Du wirst feststellen, daß sich bestimmte Selbstkonzepte wiederholen. Wenn das der Fall ist, handelt es sich dabei jedes Mal um ein noch tiefer liegendes Selbstkonzept. Wenn du deine Gefühle überprüfst, wirst du feststellen, daß das letzte Gefühl viel tiefer ist als die vorhergehenden.

Im Anschluß an diese Übung habe ich Menschen gebeten, intuitiv den Zeitaufwand zu nennen, den die aufgelösten Selbstkonzepte an Arbeit und Schmerz gefordert haben. Manche Menschen antworteten mir, sie hätten das Gefühl, daß ihnen Hunderte, ja sogar Tausende von Jahren an Negativität, Dunkelheit und einer großen Menge an Leid in ihrem Leben erspart worden sind.

Weg 44
Karmische Geschichten

„*K*arma" kommt aus dem Sanskrit und bedeutet „Tat, Handlung". Bei einer karmischen Geschichte handelt es sich um eine Geschichte des Geistes, die ein Muster für unser Leben aufstellt. Es handelt sich hierbei um einen faszinierenden Teil des Geistes, den ich als den unbewußten Geist bzw. die unbewußte Seele bezeichne. In diesem Teil des Geistes finden sich Geschichten mit allen möglichen Themen. Viele Menschen sprechen bei diesen Geschichten von „anderen Leben", während andere Menschen meinen, sie seien aus demselben Stoff gemacht wie unsere Träume. Es handelt sich dabei um die Darstellung bestimmter Themen in einer Geschichte, anhand derer die Entwicklung der Seele in metaphorischen Begriffen beschrieben wird. Ganz gleich, ob man diese Geschichten „andere Leben" oder Metaphern nennt, sie existieren.

Wenn wir den Schmerz und die negativen Geschichten heilen, die auf dieser Ebene des Geistes existieren, dann kann dies enorm positive Auswirkungen auf unser Leben haben. Ich machte meine erste Erfahrung dieser Art in einer therapeutischen Sitzung vor über fünfundzwanzig Jahren und habe seitdem viele tausend Erfahrungen mit der Arbeit auf dieser Geistesebene gemacht. Meine ersten Erfahrungen waren für die Betroffenen ein derart einschneidendes und transformierendes Erlebnis, daß ich dazu neigte, diesen Bereich des Geistes zu verherrlichen. Doch als ich dann über den medialen, schamanischen Teil des Geistes hinaus zum spirituellen Teil des Geistes gelangte, wurde er dadurch nur zu einem von vielen faszinierenden Bereichen des Geistes, die sich zeigen, um geheilt zu werden. Ob du an „andere Leben" glaubst oder sie für reine Phantasiegeschichten hältst – sie veranschaulichen geistige Muster, die der Heilung bedürfen. Manchmal sind diese karmischen Geschichten für unseren Geist der einfachste Weg, um zu zeigen, was in uns der Heilung bedarf.

Eine dramatische Geschichte betraf einen Mann mittleren Alters, der im Jahr 1979 zu mir kam, um in einigen Sitzungen die Beziehung zu seiner verhaßten Schwiegermutter zu heilen.

Dieser Mann erhielt einige einleitende Sitzungen, in denen wir mit den Heilungsprinzipien der Vergebung und Integration arbeiteten. Doch aus irgendeinem Grund machten wir keine großen Fortschritte; die Gefühle meines Klienten gegenüber seiner „verhaßten" Schwiegermutter änderten sich nur wenig. Schließlich beschloß ich, die familiären Wurzeln zu heilen, die bis in den Konflikt mit seiner Schwiegermutter hineingetragen worden waren. Ich fragte ihn, ob das Problem vor, während oder nach seiner Geburt begonnen hatte, und er antwortete: „Vor der Geburt. Lange vorher. Ich sehe eine Szene, in der ich ein Bauer bin, und es soll eine Jagd stattfinden. Allerdings bin ich derjenige, der gejagt werden soll. Man gibt mir eine Stunde Vorsprung, und dann werde ich von Hunden und Männern zu Pferde gejagt. Schließlich werde ich von den Hunden erfaßt und auseinandergerissen. Jetzt sehe ich eine andere Szene, in der ich das Sagen habe und sie töten lasse. Jetzt sehe ich eine andere Szene, in der sie mich vergiftet. Und nun sehe ich eine Szene, in der ich sie erwürge ..."

Atemlos erzählte er eine Szene nach der anderen. Als ich schließlich erkannte, daß es einige Stunden dauern würde, um all diese „karmischen Geschichten" zu erzählen, bat ich ihn, zur Ursprungsgeschichte zurückzugehen, in welcher der Konflikt zwischen den beiden entstand. Er begann von einem Leben im Mittelalter zu erzählen, in dem er als Mann einen großen Konflikt mit sich selbst austrug, den er als Kampf zwischen seiner konservativen, reaktionären Seite und seiner liberalen, progressiven Seite beschrieb. Er litt aufgrund dieses Konflikts derart große Qualen, daß seine Seele sich seiner Beschreibung nach im nächsten Leben in zwei Teile aufspaltete und dieses Leben als zwei verschiedene Menschen führte, die sich weiterhin bekämpften, wobei er selbst zum progressiveren Teil wurde.

Ich hatte in der Therapie schon viele seltsame Dinge gehört, doch dies war die bis dahin ungewöhnlichste Geschichte. Ich benutzte einfach die Metaphern, die er mir lieferte, ging dann zurück zum ursprünglichen „Leben" – bzw. der Ausgangsgeschichte, wenn du diesen Ausdruck bevorzugst –, und half dem Mann, die beiden widersprüchlichen Teile seiner selbst mit Hilfe einer einfachen Integrationsübung zu vereinen. Als diese abgeschlossen war, bat ich ihn, die Lösung und das gute Gefühl aus jenem Leben, das in seiner Vorstellung nun einen erfolgreichen Ausgang hatte, durch all seine anderen Leben nach oben zu bringen, bis in sein jetziges Leben hinein. Als er dies tat, veränderte sich sein Gesichtsausdruck von gespannter Ernsthaftigkeit hin zu einem strahlenden Lächeln. Als er mich an jenem Tag verließ, war ihm nach Jubeln zumute, und als er eine Woche später wiederkam, berichtete er, daß sich seine Schwiegermutter über Nacht verwandelt zu haben schien, daß sich zwischen ihnen schnell eine Freundschaft entwickelte, daß sie sich nicht mehr vom Humor des anderen angegriffen fühlten und viel Spaß miteinander hatten.

Bei diesem Klienten habe ich einfach nur das Bild aufgegriffen, das er mir lieferte, und es in Heilungsübungen eingebunden, so wie ich es auch mit einem Traum oder einer Kindheitsgeschichte gemacht hätte. Doch dies war ausreichend, um enorme Auswirkungen auf die Beziehung zu seiner Schwiegermutter zu haben und den Tenor und die Qualität seines Lebens zu verändern.

Übung

Ich möchte für „karmische Geschichten" und „andere Leben" zwei unterschiedliche Heilungsübungen anbieten. Nimm die Übung, die du bevorzugst. Du kannst diese Übung nutzen, um herauszufinden, was dein Geist dir im Zusammenhang mit einem bestimmten Menschen zur Heilung anbietet. Es kann sein, daß dabei gar nichts auftaucht. Dann vertraue darauf; du kannst aber diese Übungen auf jede beliebige Heilungssituation anwenden, um herauszufinden, ob darunter noch etwas Unbewußtes liegt.

Karmische Geschichte

Stelle dir folgende Fragen, und lasse deine Intuition die Antworten finden. Wenn du feststellst, daß du eher darüber nachdenkst, als einfach spontan zu antworten, dann ist dies dein Ego, das dich zu stoppen versucht. Hier nun die Übung zur karmischen Geschichte.

Wenn ich wüßte, ob bezüglich dieser Person, Situation oder Erfahrung irgendwelche Geschichten in mir vorhanden sind, dann handelt es sich möglicherweise um _____ .

Wenn ich wüßte, wovon diese Geschichte handelt, dann geht es darin wahrscheinlich um _____ .

Wenn ich wüßte, welche Rolle ich in dieser Geschichte spiele, dann ist es _____ .

Wenn ich wüßte, welche Rolle jener andere Mensch in dieser Geschichte spielt – falls er darin überhaupt eine Rolle spielt –, dann ist es _____ .

Wenn ich wüßte, welche dunkle Lektion ich in dieser Geschichte lernte, dann war es _____ .

Wenn ich wüßte, welche leichte Lektion ich in dieser Geschichte lernte bzw. welche Geschichte Gott mich in dieser Geschichte lernen lassen wollte, dann war es wahrscheinlich _____ .

Wenn ich wüßte, welches Geschenk sich unter dieser dunklen Geschichte verbirgt, die das Geschenk abwehren soll, dann handelt es sich um _____ .

Gehe ganz zum Anfang der Geschichte zurück und sieh dich selbst, wie du Gottes Lektion und das Geschenk, das dich erwartet, mit offenen Armen annimmst. Wenn du in dir das Geschenk und die Lektion spüren kannst, dann gehe die Geschichte noch einmal durch, und nimm wahr, wie sie jetzt ausgeht. Wenn ihr Ausgang nicht um hundert Prozent besser ist, dann wartet womöglich noch ein weiteres Geschenk auf dich.

Anderes Leben
Frage dich intuitiv:

Wenn ich wüßte, in welchem Leben diese karmische Geschichte begann, dann war es jenes Leben, in dem ich in dem Lande lebte, das man heute _____ nennt.

Wenn ich wüßte, ob ich ein Mann oder eine Frau war, dann war ich wahrscheinlich ein/e _____ .

Wenn ich wüßte, welchen Menschen ich in jenem Leben kannte, den ich auch in diesem Leben kenne, dann war es wahrscheinlich _____ .

Wenn es einen solchen Menschen gab, dann frage dich:
Wenn ich wüßte, in welcher Beziehung dieser Mensch zu mir stand, dann war es wahrscheinlich _____ .

Wenn ich wüßte, was dort geschah, dann handelte es sich wahrscheinlich um _____ .
Wenn ich wüßte, welche Lektion ich in jenes Leben zu lernen gekommen war, dann war es wahrscheinlich _____ .
Wenn ich wüßte, welches Geschenk zu geben ich in jenem Leben gekommen war, indem ich genau diese Lektion lernte und dieses Geschenk gab, dann handelte es sich wahrscheinlich um _____ _____ .
Wenn ich wüßte, wie erfolgreich ich in jenem Leben war, dann war ich vermutlich _____ .

Gehe nun ganz zum Anfang jenes Lebens zurück, und nimm die Lektion, die du zu lernen gekommen warst, und das Geschenk, das du zu geben gekommen warst, mit offenen Armen an.
Trage nun die Energie dieses Geschenks und dieser Lektion ganz durch jenes Leben, und teile sie mit allen Menschen und allen Dingen.
Wie verläuft dieses Leben jetzt?
Trage dann die Energie dieses nunmehr erfolgreichen Lebens in so viele andere Leben wie nötig hinein und durch sie hindurch, damit ihr – du und dieser ‚Problem-Mensch' – die Wurzeln eurer jetzigen Beziehung heilen könnt. Trage die Energie durch das jetzige Leben hindurch bis zum gegenwärtigen Moment ...
Wie fühlt sich das jetzt an? Wenn es sich nicht großartig anfühlt, dann gibt es noch ein weiteres ursächliches Leben, das geheilt werden muß. Wiederhole einfach die Übung mit dem Ziel, jenes Leben zu finden und zu heilen.

Weg 45
Hinter jedem Konflikt verbirgt sich in Wirklichkeit die Angst, alles zu haben

*V*or ungefähr zehn Jahren, nach über zwanzigjähriger Therapeutentätigkeit, begann ich zu entdecken, daß etwas sehr Interessantes geschah, wenn wir zur ursächlichen Dynamik menschlicher Probleme vorstießen. Oft gelangten wir auf eine grundlegende Ebene, auf der sich die Menschen Schwierigkeiten erschufen, weil sie Angst davor hatten, alles haben zu können. Sie benannten dann unterschiedliche Aspekte dieser Angst wie beispielsweise: „Wenn ich alles habe und alles gut ist, dann werde ich verschwinden oder sterben." „Ich werde im Einssein verschmelzen und meine Identität verlieren." „Wenn ich alles hätte, was würde dann meine Familie sagen, und was würden meine Freunde denken?" oder „Ich kann doch nicht alles haben, solange so viele Menschen leiden."

Vielen Menschen ist die Angst gemeinsam, daß sie die Kontrolle verlieren könnten, wenn sie wirklich glücklich sind. Die Angst, die allen anderen Schuldgefühlen und Ängsten zugrunde liegt, ist nicht, wie man glauben sollte, die Angst vor dem Tod, sondern die Angst, daß das Leben so gut sein kann. Bereits die bloße Vorstellung dieses Umstandes beunruhigt die Menschen, obwohl sie in ihrem bewußten Denken genau danach streben.

Konflikte bzw. Bereiche, in denen wir keinen Erfolg haben können, lassen sich treffend als etwas definieren, was unser Bewußtsein will und wofür es hart arbeitet, was der tiefere Bereich des Geistes aufgrund von Schuldgefühlen oder Angst jedoch ablehnt.

Jedes Problem ist eine Wegkreuzung. Es ist die Entscheidung, entweder das Geschenk anzunehmen oder das Problem zu behalten.

> Was du brauchst
> Wirst du dringend suchen
> Doch insgeheim wegstoßen.
> Chuck Spezzano, *Die Götter erwecken*

Das Geschenk ist eine Chance, in der eigenen Bewußtseinsentwicklung voranzugehen, während das Problem den Entfaltungsprozeß verlangsamt und uns ein bißchen Kontrolle verleiht. Ich habe gelernt, daß einer der leichtesten Wege zur Lösung eines Konfliktes, ganz gleich, wie schrecklich er scheinen mag, im Annehmen des Geschenks besteht, welches das Leben dir bietet.

Übung

Beginne heute zu überprüfen, wie du vielleicht diesen Konflikt mit einem anderen Menschen dazu benutzt, um dich selbst von etwas Gutem abzuhalten. Frage dich, worum es sich handeln könnte. Wenn es sich dir nicht augenblicklich zeigt, verweile bei dieser Frage. Nimm dies als eine Frage, mit der du dich direkt und indirekt beschäftigst, bis du bereit bist, die Antwort zu erhalten. Auf einer unterbewußten Ebene hast du in deinem Leben nur die Dinge, vor denen du keine Angst hast. Du könntest dieses Prinzip nutzen, um neu zu überprüfen, von welchen Dingen du behauptest, sie in deinem Leben haben zu wollen, und welche Dinge du tatsächlich hast. Denn trotz aller gegenteiligen Klagen haben wir letztlich nur das, wovor wir keine Angst haben.

Sobald du herausgefunden hast, vor welchen guten Dingen du in deinem Leben vielleicht Angst hast, frage dich intuitiv, was dir daran Angst macht, dieses Gute zu haben. Die Antworten darauf kommen direkt aus dem Unterbewußtsein. Erforsche dieses Thema, soweit du kannst, zunächst alleine und dann mit deinem Partner. Wenn du Widerstand gegen dieses Konzept verspürst, dann brauchst du nicht daran zu glauben; tue einfach so, als wäre es wahr, und überprüfe es alleine und mit deinem Partner, um zu sehen, was auftaucht. Daraus kann sich für dich eine völlig andere Sichtweise deiner Probleme ergeben.

Weg 46
Vampire und ‚Giftmenschen'

Wir alle tragen tief vergrabene Selbstkonzepte und Persönlichkeiten in uns, die mit der Überzeugung verbunden sind, giftig und schädlich zu sein. Wir glauben, daß unseretwegen alles schiefgeht, seien es Situationen oder Menschen. Aufgrund dieser Überzeugung schieben wir unbewußt andere Menschen von uns weg, selbst jene, die wir sehr lieben.

„Vampire" und „Giftmenschen" sind Schattenfiguren. Sie sind Orte des Selbsthasses, die wir in uns begraben und manchmal auch ausagieren. Vampire sind Menschen, die anderen Menschen auf emotionalem oder psychischem Weg Energie rauben. Es sind „Nehmer", die zuweilen in ungewöhnlich hohem Maße von anderen nehmen. Sie sind in der Regel blind für ihr Verhalten und fordern Aufmerksamkeit, Unterstützung und Energie, und sie haben keine Ahnung, warum sie von anderen Menschen, selbst von ihren eigenen Kindern, gemieden werden wie die Pest. Vampire sind in der Regel Menschen, die man zum Opfer gemacht, von denen man genommen hat und die sich in ihrer Handlungsweise gerechtfertigt sehen. Diese Rechthaberei entfremdet sie von ihren Mitmenschen und blockiert viele Hilfswege zu ihnen.

Giftige Männer und Frauen sind aufgrund von Erfahrungen, die sie verbittert haben, so geworden. Sie fühlen sich ebenfalls in ihrem negativen Verhalten gerechtfertigt und glauben das Recht zu besitzen, handeln zu können, wie sie wollen, ohne Rücksicht darauf, wie sich das auf ihre Mitmenschen auswirkt. Sie erkennen nicht, daß sie eine negative Einstellung haben, und sie können eine Situation buchstäblich durch ihre Anwesenheit auf sehr negative Weise beherrschen, was so weit gehen kann, daß die betreffende Situation dadurch für alle Anwesenden verdorben wird. Giftmenschen können negativ sein, dominierend, autoritär, kriegerisch, schikanierend, widerspenstig, fordernd und haßerfüllt. Die Tatsache, daß sie sich ihres eigenen Prozesses nicht bewußt sind, macht sie rechthaberisch und streitsüchtig.

Wenn wir dieses Problem des Gift- oder Vampirschattens nicht heilen, das uns von einem Mitmenschen gespiegelt wird, werden wir uns nicht nur als Opfer fühlen, sondern auch das Problem jenes Menschen auffangen bzw. es erben. Dann werden wir zu einem späteren Zeitpunkt genau dasselbe Verhalten mit ebenso negativen Ergebnissen ausagieren, oder wir werden es begraben und kompensieren und dadurch zu einem Magnet für Vampire oder Giftmenschen werden. Wenn es in unserer Umgebung destruktive Menschen gibt, dann erfordert dies von unserer Seite unseren ganzen Einsatz, um mit ihnen auszukommen. Es ist kein Zufall, daß wir uns in dieser Situation befinden, sondern hat einen ganz bestimmten Sinn. Wenn wir die Situation meistern, kann uns dies im Leben einen Sprung nach vorne bringen und uns eine völlig neue Ebene der Zuversicht und des Erfolgs bescheren. Zunächst jedoch müssen wir erkennen, daß die Gift- bzw. Vampirmenschen um uns herum Selbstkonzepte unseres Geistes reflektieren. Es ist eine Gelegenheit, diese negativen, selbst-aggressiven Überzeugungen im Inneren zu heilen, während wir im Außen einen Spiegel haben, der uns zeigt, welche Fortschritte wir bei unserer Heilung machen. Wenn unsere Mutter oder unser Vater so gehandelt hat, dann bedeutet dies, daß wir gekommen sind, um dieses tiefsitzende Seelenfragment zu heilen, das von anderen Menschen in unserem Umfeld ausagiert wird, die in derselben Falle sitzen.

Übung

Es gibt eine Reihe von Strategien, die dir helfen können, diese Schattenteile von Vampiren und Giftmenschen zu finden und zu heilen. Frage dich zunächst, was sie empfinden müssen, um so zu handeln, denn unsere Gefühle sind der Auslöser für unser Handeln.

Als zweites spüre und sieh jedesmal, wenn du an diese Menschen denkst, eine Brücke aus Licht, die das Licht deines Wesens mit dem ihren verbindet.

Jedesmal, wenn du einen solchen Menschen siehst, schaue über seinen Körper hinaus und sieh den Teil in ihm, der verwundet ist und die Schwierigkeiten verursacht. Sende ihm dann deine Liebe, und bitte auch um die Hilfe des Himmels, deine Liebe zu den verwundeten Teilen fließen zu lassen, bei denen es sich häufig um ein „Selbst" handelt, das als Kind emotional stehengeblieben ist. Wenn diese Teile genug Liebe empfangen, werden sie erwachsen werden, bis sie das gegenwärtige Alter des ‚Problemmenschen' erreichen und erneut mit ihm verschmelzen, wodurch einige der in ihren Herzen und ihrem Geist durchtrennten Leitungen wieder repariert und angeschlossen werden können.

Du befindest dich niemals in einer Situation, die nicht durch Geben geheilt werden könnte. Was bist du in dieser Situation zu geben aufgefordert, um die Lage zu verbessern?

Betrachte den Menschen, der dir eine Schattenfigur widerspiegelt, von ganzem Herzen als ein Mitglied deines Teams. Betrachte ihn als einen Freund. Führe für dich selbst Buch, welche Verbesserungen du an ihm bemerkst, notiere darin deine Einstellung zu diesem Menschen, sein Verhalten und deine Beziehung zu ihm. Zeige ihm deine Anerkennung, und lobe ihn für jeden Fortschritt.

In jeder Situation, in der es ein Problem gibt, besitzt du ein Geschenk, welches das Problem transformieren kann. Gehe zu jenem Ort in deinem Geist, wo deine Geschenke gelagert werden. Öffne die Tür zu deinem Geschenk, und nimm es an. Worum handelt es sich? Stelle dir dann vor, wie du dieses Geschenk mit dem anderen teilst; und in dem Maße, wie es dem anderen hilft, wird es für dich größer werden. Was möchte der Himmel für diesen Menschen durch dich hindurchkommen lassen? Empfange es und teile es ebenfalls mit diesem Menschen. Wiederhole die Übung für alle giftigen oder vampirartigen Menschen aus der Vergangenheit, bis sie frei sind.

Wenn die negative Erfahrung mit diesem Menschen zum jetzigen Zeitpunkt in deinem Leben auftritt, dann handelt es sich möglicherweise um die Übertragung einer früheren Erfahrung, die du mit einem giftigen Menschen gemacht hast. Wenn dies zutrifft, dann ist die Wahrscheinlichkeit groß, daß deine Lebensaufgabe zum Teil mit der Fähigkeit zu tun hat, solchen Menschen zu helfen. Diesen Menschen zu helfen ist besser, als vor ihnen wegzulaufen oder zu leiden, wenn ein Weglaufen nicht möglich ist. Bitte um die Gnade zu lernen, was du über die Heilung von Vampiren und ‚Giftmenschen' zu lernen gekommen bist.

Vergib ihnen und dir selbst.

Frage dich:
Wenn ich wüßte, wann diese Wurzel in mir zu wachsen begann, ob es vor, während oder nach meiner Geburt war, dann war es wahrscheinlich _____ .

Wenn es vor deiner Geburt war und du dich fragst, ob diese Erfahrung im Mutterleib oder noch davor stattfand, dann war es wahrscheinlich _____ .

Wenn es vor deiner Erfahrung im Mutterleib stattfand, dann frage dich:

Wenn ich wüßte, ob es etwas war, was innerhalb der Familie weitervererbt wurde, ob es sich um ein anderes Leben handelt oder um eine Herausforderung, die meine Seele zur Heilung ins Leben mitgebracht hat, um ein Geschenk für die Welt zu haben, dann handelt es sich wahrscheinlich um _____ .

Wenn es sich um ein Ahnenmuster handelt, mache mit der Übung aus dem Kapitel „Negative Geschichten heilen" (siehe Weg 39) weiter.

Wenn es sich um ein „anderes Leben" handelt, mache mit der Übung aus dem Kapitel „Karmische Geschichten" (siehe Weg 44) weiter.

Wenn es sich um eine Herausforderung handelt, die deine Seele zum Lernen und Wachsen ins Leben mitgebracht hat, dann bitte darum, daß die Lektion, die Gaben und die Gnade zu dir kommen mögen, damit du die Aufgabe erfüllen kannst.

Wenn die Schlüsselerfahrung im Mutterleib stattfand, dann frage:

Wenn ich wüßte, in welchem Monat die Erfahrung begann, dann war es wahrscheinlich im _____ Monat.

Frage dann weiter, wer anwesend war etc.

Wenn die ursprüngliche Erfahrung nach der Geburt stattfand, dann frage:

Wenn ich wüßte, wie alt ich war, als das Problem begann, dann war ich wahrscheinlich _____ Jahre alt .

Wenn ich wüßte, wer dabei anwesend war, dann war(en) es wahrscheinlich _____ .

Wenn ich wüßte, was geschah, dann handelte es sich wahrscheinlich um _____ .

Wenn ich wüßte, wie sich diese Szene auf mich auswirkte und was ich aufgrund dessen danach zu glauben begann, dann war es _____ .

Wähle nun das, was du jetzt glauben möchtest, um die negativen Entscheidungen zu ersetzen, die du damals getroffen hast.

Gehe zu jenem Ort in dir, der deine Geschenke birgt. Was hast du als Geschenk mitgebracht, um dir selbst und allen an der Situation Beteiligten zu helfen? Öffne die Tür zu all diesen Geschenken.
Nimm zunächst das Geschenk an, das du dir selbst mitgebracht hast.
Nimm dann die Geschenke an, die du für alle an der Szene Beteiligten mitgebracht hast.
Teile die Geschenke aus, die du jedem einzelnen mitgebracht hast.
Empfange dann das Geschenk, das der Himmel für dich hat, und danach jene Geschenke, die der Himmel für jeden an der Szene Beteiligten bereithält.
Nun, da die Geschenke des Himmels durch dich hindurchkommen, teile sie mit diesen Menschen.
Während sich die Situation nun auflöst, nimm die Geschenke entgegen, welche die anderen für dich bereithalten.
Empfange dann die Geschenke, die der Himmel dir durch jene Menschen zukommen lassen will.
Wenn die Szene, die dir eingefallen ist, von einem Erwachsenen oder einem Teenager handelt, dann ist es ziemlich wahrscheinlich, daß es mindestens noch ein weiteres wichtiges Ereignis in der Kindheit gab, mit einer noch tieferen Wurzel, die bis in den Mutterleib zurückreicht.
Nimm dir so lange Zeit für diese Übung, bis du zu einer Erfahrung gelangst, die mindestens im Mutterleib stattfand. Das wird einen großen Teil des Problems, wenn nicht sogar das ganze Problem aufklären.
Frage dich – angenommen, du könntest die Antwort wissen –, wie viele Schichten der Integration nötig wären, um einen deutlichen Unterschied bei deinem ‚Problemmenschen' zu bewirken. Die Antwort zeigt dir, wie viele innere Konfliktschichten in dir selbst der Heilung bedürfen, damit der Mensch, der deinen Spiegel darstellt, sich zu ändern beginnen kann. Bitte nun dein Höheres Bewußtsein, die gesamte Integrationsarbeit zu bewerkstelligen, die notwendig ist, um bei deinem ‚Problemmenschen' eine deutliche Verbesserung hervorzurufen.

Frage dich:
Wenn ich wüßte, wie viele Vampir-Schattenfiguren ich habe, dann sind es ungefähr _____ .

Wenn ich wüßte, wie viele Kompensationen ich verwende, um diese Schatten zu verbergen, dann sind es wahrscheinlich _____ _____ .

Stelle dir dann vor, daß alle Vampir-Schatten gemeinsam mit den gesamten Kompensationen vor dir stehen. Lasse die Vampire und all ihre Kompensationen zusammen einschmelzen, und wenn dieser Vorgang abgeschlossen ist, lasse sie erneut mit dir verschmelzen.
Mache nun dasselbe mit den ‚Giftmenschen'-Schattenfiguren.

Frage dich:
Wenn ich wüßte, wie viele ‚Giftmenschen'-Schattenfiguren ich in mir habe, dann sind es wahrscheinlich _____ .
Sieh sie alle vor dir stehen. Lasse sie zu einem einzigen, riesigen Giftmenschen verschmelzen.
Erkenne das Ganze als ein Hologramm, eine dreidimensionale Projektion, die kein Festkörper ist. Das Ego verwendet Schattenfiguren, um Tore in deinem Geist zu verbergen. Diese Tore sind Orte der Initiation. Wenn du in die Schattenfigur hineintrittst, das Tor erblickst und durch das Tor hindurchgehst, dann betrittst du einen Teil deines Geistes, der bisher für dich verloren war. Im seltenen Fall, daß dieser Teil des Geistes dunkel oder furchteinflößend sein sollte, bitte dein Höheres Bewußtsein, den Hausputz und die Beleuchtung in diesem Bereich zu übernehmen.
Frage dich intuitiv, wieviel Prozent deines Geistes du gerade zurückgewonnen hast. Ganz gleich, wie groß dieser Anteil ist, er wird dir ungleich mehr geistige Kraft bescheren.
Wiederhole die Übung für alle Vampirschatten, die du eventuell noch hast.
Bitte um ein Wunder für dich und diesen „negativen" Menschen sowie für die Situation, in der du dich tagtäglich befindest.

Weg 47
Selbstsucht oder Beziehung?

Wenn wir eine Beziehung haben, die uns zu behindern scheint, bzw. wenn es in unserer Beziehung ein scheinbares Hindernis gibt, dann deutet dies auf das mehr oder weniger verborgene Vorhandensein von Selbstsucht in unserem Leben hin. Wir benutzen zwar das selbstsüchtige Schwelgen, um uns für Erreichtes zu belohnen, doch in Wirklichkeit handelt es sich um eine Kompensation für unsere Aufopferung. So wie Hindernisse ein Hinweis auf Selbstsucht sind, so ist Selbstsucht ein Hinweis auf Aufopferung als einen kompensatorischen Ausgleich. Selbstsucht ist etwas, was wir uns nehmen, aber nicht empfangen. Sie erfrischt uns nicht, sondern läßt uns genauso ausgebrannt und erschöpft sein wie die Aufopferung. Die Nachwehen unserer Selbstsucht sind etwas, von dem wir uns genauso erholen müssen wie von unserer Aufopferung. Wie Aufopferung verbraucht Selbstsucht unsere Kräfte, erschöpft uns und beeinträchtigt unsere Gesundheit. Mit Aufopferung und Selbstsucht können wir nicht empfangen. Selbstsucht bringt uns weder Erleichterung noch Erneuerung, sondern vergrößert unsere innere Leere. Wenn der Kreislauf von Selbstsucht und Aufopferung beibehalten wird, führt dies zu Erschöpfung sowie zu Gefühlen der Wertlosigkeit und Sinnlosigkeit.

Das Ausmaß des Problems in unserer Partnerbeziehung oder einer anderen Beziehung deutet darauf hin, wieviel verborgene Selbstsucht es in unserem Leben gibt. Selbstsucht und Aufopferung blockieren gleichermaßen die Ebenen des Sich-Verbindens und des In-Beziehung-Seins, durch die eine Beziehung erfolgreich wird. Das selbstsüchtige Streben nach all den kleinen Leckerbissen, von denen wir glauben, daß sie uns Befriedung verschaffen würden, kann uns niemals glücklich machen. Wir versuchen eine Ebene des Wohlbefindens oder der Erfüllung zu erhalten, die nur von Liebe, Freundschaft und In-Beziehung-Sein kommen kann. Nur diese sind befriedigend, erfüllend und verjüngend. Selbstsucht und Aufopferung, die aus zerbrochener Verbundenheit, altem Schmerz und verschiedenen Graden der Trennung entstehen, schaffen eine egoistische Einstellung nach dem

Motto „Zuerst komme ich" oder „Ich – und sonst keiner". Wir gehen dann entweder zu hart oder zu nachsichtig mit uns um, je nachdem, ob wir uns gerade auf der Selbstsucht- oder auf der Aufopferungsseite des Kreislaufs befinden. Jede dieser beiden extremen Verhaltensweisen – oder auch eine beliebige Kombination der beiden – führt zu Selbstaggression und wirkt sich schädlich auf Beziehungen aus, da sie zwischenmenschliche Nähe und Gleichberechtigung verhindert.

Es ist an der Zeit, daß wir erkennen, was uns wahrhaft befriedigt, und daß wir veränderungsbereit sind, falls wir bisher auf dem falschen Weg waren. Selbst wenn wir unser ganzes Leben damit verbracht haben, auf eine Weise zu leben, die nicht funktioniert, ist es entscheidend, diese Tatsache unseres Lebens zu erkennen. Jetzt ist der Zeitpunkt gekommen, um das zu lernen, was uns wirklich Erfolg bringen wird. Jeder von uns muß irgendwo beginnen. Je früher wir prüfen, was nicht funktioniert bzw. was wir nicht empfangen, und je früher wir erkennen, daß es sich um etwas handelt, wofür wir selbst verantwortlich sind, desto früher können wir neue Entscheidungen zugunsten von Veränderung treffen.

Es ist zu hoffen, daß wir alle in unserem Leben diesen Weckruf erhalten, entweder ein für allemal oder in kleinen Portionen über einen längeren Zeitraum hinweg, und daran reifen. Jede kleine Selbstsüchtigkeit in unserem Leben nimmt einen Platz in unserem Geist ein, an den eigentlich Verbundenheit und Freude gehören. Fassen wir den Mut, heute unsere Selbstsucht loszulassen, um das haben zu können, was uns wirklich glücklich macht. Wenn wir uns nicht mutig genug fühlen, ist es zumindest wichtig, daß wir unser Höheres Bewußtsein darum bitten, uns auf möglichst einfache Weise zu zeigen, welche Auswirkungen die Selbstsucht auf unser Leben hat und wie sich wahre Verbindung für uns auswirken würde. Das würde uns motivieren, die Entscheidung zugunsten von Veränderung zu treffen. Jedes Hindernis, das uns davon abhält, das zu bekommen, was wir wollen, deutet auf etwas hin, was wir im Außen zu bekommen suchen. Wenn ein Hindernis im Weg steht, schlägt das Ego immer einen Angriff vor, was früher oder später Leiden nach sich ziehen wird. Nur unsere Entscheidung für den Frieden wird geistige Wirkung haben, und nur das, was wir geben, wird die Situation verbessern können.

Übung

Überprüfe das Hindernis in deiner gegenwärtigen Beziehung bzw. die hinderliche Beziehung. Der nächste Schritt besteht darin, nach dem entsprechenden selbstsüchtigen Verhalten Ausschau zu halten. Dies ist leichter, als es scheinen mag, denn ein Konflikt verbirgt Selbstsucht. Wenn es dir Schwierigkeiten bereitet, eine bestimmte Selbstsüchtigkeit herauszuarbeiten, dann versuche sie mit Hilfe deiner Intuition zu erkennen (frage dich und akzeptiere die erste Antwort, die dir in den Sinn kommt). Studiere dieses selbstsüchtige Verhalten. Welchen Verlust versucht es zu kompensieren? Hat es dich glücklich gemacht? Jemals? Was würde es dich kosten, diese Selbstsucht gehen zu lassen?

Verweile bei deiner gegenwärtigen Selbstsucht, und studiere ihre Auswirkungen auf dein Leben. Schau dann nach dem zugehörigen Gefühl der Aufopferung. Manche Menschen erleben diese Aufopferung als ein deprimierendes oder erschöpfendes Gefühl, und sie schaffen es nicht, viel zu erledigen. Andere Menschen hingegen können als Kompensation gar nicht genug tun. An einem bestimmten Punkt wird der Verstand dir aufzeigen, daß du ein schlechtes Geschäft gemacht hast. An diesem Punkt kannst du dich entscheiden, deine Selbstsucht zugunsten der Geschenke, die auf dich warten, loszulassen. Hinter jedem selbstsüchtigen Verhalten wartet ein Geschenk, das dich wahrhaft befriedigen wird. Dieses Wissen kann es dir leichter machen, deine Selbstsucht zugunsten dessen gehen zu lassen, was uns in Wahrheit glücklich machen wird.

Wenn es in deiner Beziehung einen Bereich gibt, in dem du keine Verbindung in bezug auf zwischenmenschliche Nähe und Erfolg eingehst, dann stehen dort ein selbstsüchtiges Verhalten, das du höher bewertest als die Verbindung, und eine zugehörige Aufopferung im Weg. Entscheide dich dafür, dieses Verhalten zu finden und loszulassen. Es muß einen besseren Weg geben.

Wenn es einen Menschen gibt, mit dem du kämpfst, und sei es auch nur in Gedanken, dann zeugt dies ebenfalls von einer Selbstsucht-Falle, die du verbirgst, die du nicht zu kennen vorgibst oder für die du aufgrund einiger Umstände in deinem Leben eine „gute Entschuldigung" hast. Entscheide dich dafür, sie zu finden und loszulassen. Es muß einen besseren Weg geben.

Weg 48
Der Plan des Egos

Der Plan des Egos besteht darin, zu regieren und besonders zu sein. Das Ego ist das Prinzip der Trennung, und es benutzt alle negativen Emotionen, um sich seinen Platz zu sichern und sich zu stärken. Das Ego verwendet jedes schmerzhafte Ereignis, das für Erlösung und Befreiung genutzt werden könnte, zur Verstärkung des Schmerzes und zur Schaffung einer dunklen Lektion, die unsere negativen Lebens-Überzeugungen und unsere schmerzliche Auffassung vom Leben noch verstärken soll. Es verspricht uns dabei zu helfen, der Angst ein Ende zu bereiten, allerdings nur einen Teil von ihr, denn das Ego besteht aus Angst, Schmerz und Schuld; es ist lediglich an Behelfsmaßnahmen interessiert. Größtenteils beschäftigt es sich mit der Erhaltung des Status quo. Deshalb legt es uns nahe, daß wir uns an Situationen „anpassen" sollen, statt sie zu transformieren, und es schlägt Kompromisse vor, bei denen sich beide Parteien als Verlierer fühlen und bei denen keine wirkliche Verbindung eingegangen wird und keine Veränderung geschieht. Eine der besten Methoden, uns von unserer Entfaltung abzuhalten, besteht darin, uns in Machtkampf und Wettbewerb festzuhalten.

Eine andere Beschäftigung des Egos besteht darin, uns in Verurteilung und Groll festzuhalten, was Probleme schafft, die uns behindern und unsere Entwicklung verzögern, die unseren Geist vor der Inspiration und der Gnade verschließen. Verurteilung und Groll werden von unseren verborgenen Schuldgefühlen erzeugt, was Sturheit und Versagensgefühle nach sich zieht. Dies führt zu jener Art von kompensatorischer Rechthaberei und kompensatorischem Idealismus, die bereit sind, politisch oder religiös andersdenkende Menschen zu töten oder in die Hölle zu verdammen. Das Ego will sich für uns unentbehrlich machen, um seine Existenz zu sichern. Es schließt einen Pakt mit uns und erzählt uns, daß es sich um uns und alle Angelegenheiten kümmern wird, solange wir nichts in Frage stellen und einfach seiner Führung folgen. Wir verbringen die erste Hälfte unseres Lebens mit dem Aufbau unseres Egos, um in der Welt zurechtzukommen, und wenn wir uns weiterentwickeln und wachsen wollen, dann müssen wir anfangen, das Ego abzubauen und einzuschmelzen, damit wir uns weiter öffnen und fähig sein können, zu geben, zu empfangen, zu lieben und Freude zu empfinden. Dies erlaubt uns, höhere Ebenen des Glücklichseins zu erleben und weiterzugehen, um mehr Gnade und höhere Bewußtseinsebenen zu erfahren.

Unser Ego ermutigt uns dazu, daß wir uns mit unserem Körper als unserem Selbst identifizieren. Dies bedeutet, daß wir erstens an den Tod glauben und zweitens Angst vor ihm haben. Dann sagt es uns, daß unser Körper nicht gut genug für uns ist, und greift uns ständig deswegen an.

Es denkt sich ständig Strategien aus, von denen es uns überzeugt, daß sie nur zu unserem Besten und zu unserem Glück sind. Diese Strategien funktionieren zuweilen, doch sie machen uns niemals glücklich. Sie schaffen es nur, das Ego aufzubauen. Es hält uns in Konflikten fest, in Opfer-Täter-Rollen, in Aufopferung und unechten Helferrollen, die vordergründig gut aussehen, bei denen es sich aber lediglich um Kompensationen handelt. Es attackiert und kritisiert uns unaufhörlich unter dem Vorwand, uns verbessern zu wollen. Sein ganzes Ziel liegt darin, uns unter dem Vorwand des Helfen-Wollens zu behindern und zu hemmen. Es möchte uns ablenken und abhalten von den Dingen, die wirklich funktionieren und die es – das Ego – Stück für Stück hinwegschmelzen würden.

Zu guter Letzt bringt uns das Ego an einen scheinbar unwirtlichen und unmöglichen Platz im Leben. Hier legt es uns nahe, daß wir uns niederlegen und sterben sollen, anstatt den Ausweg aus der tödlichen Verschwörung zu finden, hin zu einer neuen Vision für unser Leben. Wenn uns das Ego sagt, daß die Zeit zum Sterben gekommen ist, dann bietet uns das Leben in Wirklichkeit die Einladung zu einer Wiedergeburt. Derartige Situationen beweisen die Verrücktheit des Egos, denn es glaubt, daß es unseren Tod überleben wird. Darum versucht es unseren Tod herbeizuführen und dann irgendwie ohne uns zu leben. Das erinnert an die Comics unserer Jugendzeit, in denen hoch oben im Baum jemand den Ast abzusägen versuchte, auf dessen äußerstem Ende er selbst saß.

Anstatt auf das Ego zu hören, haben wir die Alternative, der Richtung unseres Höheren Bewußtseins zu folgen. Dieser Teil unseres Geistes ist begabt mit Verstand, Kreativität, Inspiration, Vision, Sein,

Friede und Gnade. Er enthält all unsere Antworten und ist jener Teil von uns, der uns mit dem Geist des Universums und dem Einssein verbindet. Wenn wir anfangen, diese beiden Anteile unseres Geistes unterscheiden zu lernen und mehr auf die Führung unseres Höheren Bewußtseins zu hören, werden wir mehr und mehr erfolgreich sein. Die Stimme des Egos ist dringlich, laut, fordernd und verwirrend, während die Stimme unseres Höheren Bewußtseins leise ist und Wege vorschlägt, auf denen alle Beteiligten jetzt im Moment und für alle Zeiten gewinnen können. Das Ego empfiehlt immer einen Weg, auf dem es kurz- oder langfristig selbst gewinnen kann. Das Ego will beherrschen, und falls es den Wettbewerb nicht gewinnen kann, will es in irgendeiner Weise etwas Besonderes sein, selbst wenn es dafür einen großen und schmerzhaften Verlust in Kauf nehmen muß. Das Ego will immer Glanz und Aufmerksamkeit, es möchte immer alles alleine machen und will, daß ihm die Menschen und die Dinge ringsum zeigen, wie einzigartig es ist; dabei greift es jene an, die dies nicht tun, wobei es sich jedoch die tödlichsten Attacken für uns selbst vorbehält.

Das Höhere Bewußtsein setzt sich ein für Liebe, Partnerschaft, zwischenmenschliche Nähe, gemeinsamen Erfolg, Gegenseitigkeit, Einzigartigkeit und Erfüllung, für das Leben unserer Lebensaufgabe und das Annehmen unserer Bestimmung; es kennt unsere wahre Identität als göttliches Wesen und ist daher in seinen eigenen Augen nichts Besonderes, doch es nimmt seine Größe als Kind Gottes an.

Der Plan des Egos will beweisen, daß andere einen Fehler gemacht haben, daß Gott einen Fehler gemacht hat und daß es deshalb selbst das Universum regieren sollte. Das Ego scheut nicht davor zurück, sich selbst jede Menge Schmerz und Verlust zu erzeugen, um zu beweisen, daß Gott versagt hat und daß es selbst das Universum lenken sollte. Das Ego scheut nicht davor zurück, Unglück und Tragödien für uns zu erschaffen, um zu beweisen, daß es selbst die Hand am Ruder haben sollte, um zu rebellieren oder sich zu rächen.

Wir haben immer die Wahl, auf welchen Teil unseres Geistes wir hören wollen. Diese Wahl bestimmt, ob unsere Erfahrung heilsamer und freudvoller Natur ist oder ob wir den Beweis des Egos erleben, daß wir die ganze Zeit recht gehabt haben, daß wir der außergewöhnlichste Mensch sind und daß wir die Hand am Ruder haben sollten. Der Plan des Egos umfaßt Strategien wie Bekommen, Nehmen,

Entschuldigungen, Rechtfertigung, Beweisen, Kompensieren, Rache, ‚Herzensbruch', Krankheit, Unfälle, Verlust, Beherrschung, Sklaverei, Festhalten, Kontrolle, Wertlosigkeit, Versagen, Verschwörungen, Unzulänglichkeit, die Unfähigkeit sich einzulassen, Perfektionismus, Forderungen, Erwartungen, Aufopferung, Rollen, dunkle Geschichten, Verstecken, mangelnde Authentizität, Geben um des Nehmens willen, alle Möglichkeiten, um die Aufmerksamkeit auf sich zu ziehen, falschen Glanz, Idole, Schatten und Besonderheit.

Der Plan des Egos hält uns gefangen und klein. Es blockiert das, was wahrhaft Freude und Erfüllung bringt – Liebe, Kreativität, Gnade, das Leben unserer Lebensaufgabe, Sich-Verbinden, Geben, Empfangen, Hilfsbereitschaft, Leichtigkeit und Humor. Es suggeriert Selbstsucht, falschen Glanz, Adrenalin, Wettbewerbsdenken, Aufopferung, Mühsal, Selbstaggression, Trennung, Bedürftigkeit und mangelnden Lohn. Die Zeit ist gekommen, unser Leben in Ordnung zu bringen. Wenn unser Ego unser Finanzberater wäre, hätte es uns entweder in den Bankrott, in ein Gewinnen ohne Rücksicht auf Verluste oder in die Unehrlichkeit getrieben. Aber es hätte uns nicht den Weg zu sorgenfreier Fülle gezeigt.

Wenn wir mit einem Menschen nicht zurechtkommen, anstatt für beide Seiten eine Lösung oder Heilung zu finden versuchen, so paßt dies genau in den Ablenkungs- und Verzögerungsplan des Egos. Das Ego tut alles, was in seiner Macht steht, um Gegenseitigkeit, Fortschritt und Liebe zu blockieren. Dieser Mensch, der für uns ein Problem darstellt, ist von entscheidender Bedeutung, um uns ein verborgenes, abgelehntes „Selbst" zu zeigen, das in unserem Inneren einen Konflikt ausficht und an uns nagt. Wenn wir den inneren Konflikt heilen, werden wir nur noch Dankbarkeit gegenüber diesem Menschen empfinden, der uns finden half, was zu sehr verborgen war, als daß wir es hätten finden können, was aber zu schmerzlich war, als daß wir es hätten ignorieren können.

Übung

Schaue dir die Knappheit und den Mangel an Empfangen in deinem Leben genau an. Überprüfe, welche Bereiche in deinem Leben bisher dumpf, langweilig und stagnierend waren. Überprüfe, wo du bedürftig bist und wo auf deine emotionalen oder sexuellen Bedürfnisse nicht eingegangen wird. Beobachte, wann du Opfer warst oder andere zum Opfer gemacht hast. Denke nach, wann du dich anderen gegenüber als Herr aufgespielt hast und dominierend warst bzw. wann du zu Kreuze gekrochen bist und unterwürfig warst. Beobachte, wann du das Bedürfnis hattest, zu gewinnen und dich im Wettkampf zu messen, und wann du verloren und versagt hast. Nimm deine Unfälle, Krankheiten, selbstsüchtigen Verhaltensweisen und Abhängigkeiten genau unter die Lupe, und schaue dir auch an, von welchen Menschen und Dingen du geglaubt hast, daß sie dich glücklich machen würden, und von denen du enttäuscht warst.

Betrachte den Mangel an Zufriedenheit in deinen Beziehungen. An jedem Ort, wo es an Erfolg mangelt, war eine Egostrategie am Werk. Überprüfe, ob du weiter dem Weg des Egos folgen willst. Überprüfe, ob das Ego seine Versprechen dir gegenüber eingehalten hat und ob du glücklich bist. Falls du es nicht bist, ist es Zeit, deinen Verbündeten zu wechseln, dich deinem Höheren Bewußtsein zu verpflichten und auf seine Führung zu hören. Erkenne, daß das Ego sich wieder in dein Bündnis eingeschlichen hat, sobald nicht alle Beteiligten gleichermaßen gewinnen. Das Höhere Bewußtsein hat immer eine Antwort, die deinen Erfolg und den Erfolg aller Beteiligten ermöglicht. Es wird dich voranbringen, manchmal sogar in großen Sprüngen. Setze dich heute in Ruhe hin und höre, welche Lösung es dir als Antwort auf dein Problem im Umgang mit einem anderen Menschen vorschlägt. Es wird dir die Antwort geben, sobald deine Bereitschaft, sie zu hören, stärker ist als deine Angst. Wenn du aus irgendeinem Grund zu große Angst hast, dann erinnere dich daran, daß Veränderung nur zu größerem Erfolg führt, und dein Höheres Bewußtsein wird dir immer dabei helfen, deine Bereitwilligkeit zu vergrößern.

Wenn du mit einem anderen Menschen nicht zurechtkommst, gehört dies einfach zum Plan des Egos, dich aufzuhalten und dich von der Lösung und dem Geschenk abzulenken, welches die Belohnung für die Lösung ist. Nimm dir heute ein wenig Zeit, um still zu sitzen und auf die Antwort zu lauschen.

Weg 49
Mit Gott zurechtkommen

Vor gut zwei Jahren, nach über 28jähriger Tätigkeit als Therapeut und Seminarleiter, begann ich eine völlig neue Ebene des Geistes zu entdecken, deren Existenz ich nie vermutet hätte. Eine leise Ahnung war mir zwar schon vor mehr als fünf Jahren gekommen, doch erst drei Jahre später kristallisierte sich dann alles deutlich heraus. Ich erkannte schließlich, daß es einen Bereich des Geistes gibt, der sich als bisher tiefster Geistesaspekt in erleuchtungsnahen Bewußtseinszuständen zeigt.

Ich möchte an dieser Stelle ein Erklärungsmodell des Geistes vorstellen, das ich häufig herangezogen habe, um Menschen bei der Transformierung ihrer Probleme zu helfen. Einer der größten Vorteile dieses Modells liegt darin, daß es praktisch ist und Menschen aus dem Schmerz heraushelfen kann. Das Modell beginnt mit dem *Bewußtsein*. Der bewußte Teil des Geistes ist jener Teil, dessen wir gewahr sind. Er gleicht der Spitze eines Eisbergs und ist in Wirklichkeit der kleinste Teil unseres Geistes. Als nächstes kommt das *Unterbewußtsein*, das wir bewußt vor uns verstecken. Es umfaßt alles, was seit unserer Empfängnis geschah, und zeigt, daß es in unserem Leben mehr Dinge gibt, die wir vergessen haben, als Dinge, an die wir uns erinnern können. Das Unterbewußtsein umfaßt unsere Familiendynamik, einige unserer Schattenfiguren, vergrabene Aggressionen, Sexualität sowie bedrohliche Emotionen und Lebenserfahrungen, die sowohl unsere Beziehungs- als auch unsere Lebensmuster prägen und deren Erfolg oder Versagen bestimmen.

Unter unseren Familienmustern liegen unsere Seelenmuster bzw. der *unbewußte* Teil des Geistes. Dieser Teil umfaßt Visionen, Ahnenmuster, Archetypen, Schattenfiguren, dunkle Heilungsgeschichten, Verschwörungen, unsere Lebensaufgabe, Idole, an denen wir festhalten, Geschenke auf Seelenebene, Wertlosigkeit, unsere Bestimmung, Bilder von vergangenen Leben, tiefsitzende schmerzliche Emotionen, schamanisches Bewußtsein und Meisterschaft.

Schließlich gibt es noch die spirituellen Aspekte und Themen unseres Geistes. Wir könnten diesen Bereich das *Überbewußtsein* nennen.

Es umfaßt unser Höheres Bewußtsein, das unsere Seele und unseren Lebensgeist verbindet und den kreativen Kanal für Gottes Liebe und Gnade darstellt. Dieser Teil enthält auch unser Verhältnis zu Gott, oder wie immer wir uns die höhere Macht vorstellen. Er umfaßt auch unseren Widerstand gegenüber allen spirituellen Dingen sowie unsere Idole bzw. jene Dinge, Menschen und Situationen, von denen wir geglaubt haben, daß sie uns retten und glücklich machen würden. Wir haben versucht, andere Dinge (wie Geld, Sexualität oder Ruhm) zu unserem Gott zu erheben, bis sie am Ende zu unseren Götzen wurden. Zu diesem Bereich des Geistes gehört auch die Sinnlosigkeit, das Schlachtfeld zwischen dem Lebenssinn des Himmels und des Egos. Er spiegelt unsere Beziehung zu Gott, zur Liebe und zum Einssein wider und beinhaltet die Schattenfigur des Rebellen.

Unsere Beziehung zu Gott zeigt auch die ursprünglichsten und wichtigsten Geistesmuster, die bestimmen, wie wir mit allen anderen Menschen zurechtkommen. Die Beziehung, die wir zu anderen Menschen haben, spiegelt unsere ursprüngliche Beziehung zu Gott wider. Alles, was wir im Zusammenhang mit anderen Menschen fühlen oder denken, das fühlen und denken wir in bezug auf Gott. Wenn wir unsere Beziehung zu Gott verbessern, verbessern wir auch unsere Beziehungen mit allen anderen Menschen. Ich möchte hier ein Beispiel anführen, das sich kürzlich ereignet hat. Ein Mann beklagte sich über eine geschäftliche Beziehung und sagte, daß er in jener Partnerschaft nicht das Gefühl hatte, mit einbezogen zu werden, und daß er sich von seinem Ex-Partner gleichermaßen ausgenutzt und im Stich gelassen fühlte. Seinem Gefühl nach habe er sich während der ganzen Zeit der Zusammenarbeit mit seinem Ex-Partner aufgeopfert, der sich seiner Meinung nach nicht wie ein wahrer Partner verhalten hatte. Selbst zu dem Zeitpunkt, als die Partnerschaft auseinanderbrach, habe der Ex-Partner aus Eifersucht auf seine Position Rebellion und Rache an ihm geübt. Ich fragte den Mann, ob ihm intuitiv jemand einfiele, dem er vielleicht dasselbe vorwarf. Er antwortete: „Gott." Ich fragte ihn, ob er sich von Gott ausgeschlossen, verlassen und zum Opfer gemacht fühlte. Er antwortete, daß er bei genauerem Nachdenken all diese Gefühle gegenüber Gott empfand.

Daraufhin sagte ich: „Nun, wenn Gott Sie tatsächlich nicht mit einbeziehen würde, dann würden Sie ganz schnell aufhören zu existieren. Sie wären nicht einmal gewesen. Gott, der dann als höchstes Prinzip der Liebe, des Lichts und der Kraft im Universum ausgedient hätte, würde infolgedessen aufhören, Gott zu sein, und alles würde blitzschnell aufhören zu existieren. Wenn Gott uns nicht miteinbeziehen würde oder all die anderen Dinge täte, die wir ihm vorwerfen, dann würde er seine Zulassung als Gott verlieren, und wir alle hätten ein großes Problem." Ich sagte weiter: „Wenn Gott all diese Dinge täte, könnte er nicht Gott bleiben. Dies würde uns dann die Entschuldigung bieten, Gottes Stelle einzunehmen, weil er selbst so ein Chaos verursacht hat. Zum Beweis dafür, daß wir Gottes Stelle einnehmen sollten, brauchen wir uns nur die Welt anzuschauen, um den Nachweis zu haben, daß Gott seine Pflichten vernachlässigt hat und daß wir – wie unser Ego schon die ganze Zeit behauptet – Gott sein sollten! Wenn natürlich Gott die Verantwortung bzw. die Schuld für die Welt bzw. für all die Dinge trägt, derentwegen wir ihn anklagen, dann hört Gott auf, Gott zu sein – das Prinzip der Liebe und des Gebens an alle –, und alles fällt auseinander, weil Gott seine Konzession als Gott verloren hat. Im tiefsten und verborgensten Teil des Geistes erkennen wir, wie offenkundig es ist, daß wir Gott all das vorwerfen, was wir anderen Menschen vorhalten."

Gott kann natürlich per Definition in keinerlei Weise versagen, allerdings können wir ihm jedes unserer Versagen vorwerfen und alles, was wir tun, auf ihn projizieren und es als Entschuldigung benutzen, um das Ruder zu übernehmen.

Ich fragte dann den Geschäftsmann, ob er erkennen könne, daß er diese Situation benutze, um aus Mißgunst gegen Gott zu rebellieren und sich an ihm zu rächen.

Er antwortete: „Ja, selbstverständlich."

Ich fragte ihn, ob er bereit wäre, Gott zu vergeben, für das, was er getan habe.

Er sagte: „Ja, selbstverständlich."

Ich fragte ihn dann, ob er seine irrige Strategie loslassen wolle, damit er einfach ein Kind Gottes sein könne, anstatt zu versuchen, Gott zu sein.

Er sagte: „Ja, gewiß."

Ich fragte ihn dann, was er gegenüber seinem ehemaligen Geschäftspartner empfinde.

Er antwortete: „Ich habe ein gutes Gefühl. Ich fühle mich glücklich."

Dieser Mann hatte offensichtlich bereits so viel an sich gearbeitet, daß er in der Lage war, diese tiefste Ebene des Geistes so einfach aufzudecken. Sobald wir diese Ebene des Geistes geheilt haben, können wir uns unserer Meisterschaft, Schuldlosigkeit, Kraft und strahlenden Liebe erfreuen. Dieser Bereich ist nicht leicht aufzudecken, solange wir nichts von ihm wissen. Sobald wir eine gewisse Bewußtheit von dieser Ebene des Geistes erlangen, werden wir einen einfachen Weg finden, um eine langwährende Beziehung oder eine Schicht dessen, was heilungsbedürftig ist, zu transformieren.

Übung

Nimm eine Beziehung, die dir Probleme bereitet. Welche Fehler macht dieser Mensch deiner Meinung nach?

Glaubst du, daß Gott dir dasselbe antut wie jener Mensch, mit dem du Probleme hast? Dies mag zu Beginn vielleicht widersinnig und absurd erscheinen, nimm dir aber trotzdem einige Zeit, um darüber nachzudenken.

Du erkennst natürlich, daß Gott nicht all diese negativen Dinge tun bzw. die positiven unterlassen kann und gleichzeitig immer noch Gott bleiben kann.

Wenn du also glaubst, daß Gott dir dies angetan hat, kannst du dir dann die Möglichkeit vorstellen, daß du derjenige warst, der all diese Dinge getan und sie Gott vorgeworfen hat?

Würdest du Gott vergeben für das, was du getan hast?

Würdest du dir selbst für diesen Fehler vergeben?

Würdest du den Versuch loslassen, Gott sein zu wollen, und dich ein Kind Gottes sein lassen, das Leichtigkeit, ein wunderschönes Leben und alles Gute verdient hat?

Entspanne dich und lasse los. Lasse Gott die Show veranstalten. Wir quälen uns viel zu stark, bei unserer Suche nach Glücklichsein und erfolgreichen Beziehungen die Antworten zu finden, obwohl die Antworten die ganze Zeit da sind.

Weg 50
Rebellion oder Bestimmung?

Wir alle haben eine Bestimmung, die so kraftvoll und so wunderschön ist, daß die meisten Menschen das Gefühl haben, dies sei zu viel für sie, zu beängstigend oder zu einzigartig. Wir wenden uns ab von unserer Bestimmung und von uns selbst. Wir wenden uns vom Himmelreich ab. Wir rebellieren gegen das, was uns gegeben werden sollte. Wir haben vergessen, wer wir sind, und rebellieren gegen die Kraft unserer Genialität, die wir, wie alle anderen Menschen auch, auf Widerstand und kreatives Versteckspielen reduzieren. In unserem Bemühen, dazugehören zu wollen, verraten wir uns selbst. Dies bringt uns jedoch kein Miteinbezogensein; es erlaubt uns lediglich, mit allen anderen zusammen alleine zu sein. Es wird niemals unser Bedürfnis nach menschlicher Verbindung befriedigen, die uns auf den Weg zum Einssein bringen kann und uns am Ende auch dorthin führen wird, wogegen das Ego ankämpft.

Wir attackieren jede Autorität, ob sie sich in anderen Menschen, in uns selbst oder in Gestalt Gottes zeigt. Wir bekommen Angst vor Kraft und Macht und suchen selbstsüchtige Befriedigung statt Freude. Wir laufen vor uns weg, was tiefsitzende Gefühle des Versagens garantiert, die wir im Bemühen um Kompensation durch Aufopferung verbergen. Unser Geist ist gespalten, und wir haben das Gefühl dafür verloren, wer wir sind. Dies garantiert, daß wir weder Erfolg haben noch durch und durch glücklich sein können. Wir lernen, uns anzupassen und zu etablieren, und tun dabei so, als hätten wir niemals eine Chance gehabt. Dies bringt uns bestenfalls flüchtige Augenblicke des Glücks und des Friedens. Wir sind mit Absicht auf dem falschen Weg und beweisen, daß wir uns zu nichts zwingen lassen, doch in Wahrheit meiden wir den einzigen Weg, der uns Freiheit gewähren würde. Wir sind in die wenig beneidenswerte Position hineingeraten, daß wir nicht nur Angst vor unserer Freiheit haben, sondern auch vor uns selbst. Nur durch die tiefe Bereitschaft und den tiefen Wunsch, offen für die Wahrheit und die Gnade zu sein, können wir uns erinnern, wer wir sind. Nur auf diese Weise können wir uns selbst wiederfinden.

Der Pfad der Lebensbestimmung ist ein Weg des Mitgefühls und der natürlichen Begabung. Es gibt in uns seltene, visionäre Gaben, welche zur Befreiung der Menschheit beitragen würden. Diese Gaben sind so ausnehmend überwältigend, daß ihre Schönheit uns den Atem rauben kann. Diese Gaben sind ein Akt des Vertrauens und der Bereitschaft, den Weg in uns zu finden und der Menschheit, uns selbst und Gott ein Geschenk der Liebe zu geben.

Unsere Bestimmung anzunehmen bedeutet zu helfen, daß jedermann den Weg nach Hause finden kann, in einer Welt, wo die meisten Menschen sich in Ablenkungen zu verlieren suchen. Das Bedürfnis, etwas Besonderes zu sein, ist in einer Welt, wo so viele Menschen ihren Weg verloren haben, zum Hauptschwerpunkt geworden. Das Bedürfnis nach Besonderheit ist die Forderung, daß andere uns als Hauptperson behandeln und unsere Bedürfnisse zuerst befriedigen sollen. Unser Bedürfnis, etwas Besonderes zu sein, verbirgt unsere Größe und unsere Lebensaufgabe, die einzigartig ist und nur von uns erfüllt werden kann. Sie ist der Beitrag, den wir leisten können, um der Welt zu helfen. Unsere Bestimmung erkennt an, daß wir herausgefunden haben, wo unser Platz auf Erden und im Himmel ist. Sie erkennt unsere Identität als Kind Gottes an, das alles Gute und alle Fülle verdient. Sie besitzt die Gewißheit des Vertrauens mit einem tief innewohnenden Frieden, der die meisten Illusionen belächelt. Mit dem Annehmen unserer Bestimmung erkennen wir, daß wir nur so weit aus dem Gleichgewicht gebracht werden können, wie wir dies zulassen, und zwar unabhängig von den äußeren Umständen.

Schwierigkeiten im Umgang mit anderen Menschen sind lediglich eine weit verbreitete Methode, um sich zu verstecken. Wir verfangen uns so sehr in jenen Menschen, die für uns ein Problem darstellen, daß wir uns ständig damit quälen. Wir lassen uns in Kampf und Rechthaberei verwickeln, wir sehen nur unseren eigenen Standpunkt, und wir vergeuden unendlich viel Zeit, mit den Menschen in unserem Kopf zu diskutieren, und zwar sowohl mit jenen aus der Vergangenheit als auch mit denen der Gegenwart. Da wir nicht vergeben, wenn ein anderer Mensch uns zu behindern scheint, bleibt uns nur die Verurteilung, die unseren Geist und seine Fähigkeit, sich Möglichkeiten und Lösungen auszudenken, schrumpfen läßt. Durch Verurteilung berauben wir uns selbst der Inspiration, des Friedens, der Liebe und der Freude; und der Zeitpunkt, wo wir andere verurteilen, ist der

Moment, in dem andere unsere Hilfe am meisten brauchen. Das Verurteilen eines anderen Menschen ist gleichbedeutend damit, daß wir ihm einen Tritt geben, wenn er bereits am Boden liegt.

Wenn wir bereit sind, unsere Bestimmung anzunehmen, hören wir auf, andere Menschen und Probleme dazu zu benutzen, uns selbst zurückzuhalten. Wir erkennen in den Fehltritten und Fehlern der anderen ihre aufrichtigen Hilferufe. Wir sind bereit, unser Versteckspiel aufzugeben und zu sein, wer wir in unserer Genialität, in unserer Großartigkeit und Meisterschaft wahrhaft sind.

Übung

Überprüfe heute um deiner selbst und der Welt willen, wie du möglicherweise in deinem Leben dir selbst ausweichst und wer du zu sein gekommen bist. Überlege, wie du dich vielleicht versteckst und inwieweit dein Leben eine Verschwörung gegen dich selbst ist. Schau dir genau an, wie du den Menschen, mit dem du nicht zurechtkommst, möglicherweise dazu benutzt, um das zu meiden, was in deinem Leben wirklich wichtig ist – beispielsweise deine Bestimmung.

Ist es den Versuch wert, im Bemühen um Sicherheit dein ganzes Leben lang vor dir selbst und deiner Bestimmung wegzulaufen? Du magst vielleicht einen gewissen Grad an Anonymität und relativer Sicherheit erreichen, doch du kannst niemals dir selbst und anderen treu sein, und du wirst damit das Glücklichsein aufgeben und die Chance verpassen, das zu tun, was du tun kannst, um zu helfen. Und du wirst das Gott, dir selbst und der Menschheit gegebene Versprechen nicht einhalten.

Überprüfe, welche wertvollen und einzigartigen Gaben du mitgebracht hast, um der Menschheit zu helfen. Heute kannst du den Entschluß fassen, willens zu sein, deine Gaben in diesem Leben zu geben. In Wahrheit erfordert es einzig und allein die Bereitschaft, dein Rebellentum aufzugeben. Entscheide dich heute dafür, deine Geschenke zu geben, da jedes Problem mit anderen Menschen einfach nur ein Ort ist, an dem wir eine in uns vorhandene Gabe nicht wiederentdecken und nicht geben.

Glossar

Aufopferung: Aufopferung ist ein psychischer Fehler, bei dem wir geben und nichts empfangen. Es handelt sich um eine Rolle, die Gefühle des Versagens, der Schuld und der Unwürdigkeit kompensieren soll. Aufopferung verbirgt Konkurrenzkampf und Nehmen, und sie versucht jetzt zu verlieren, um später zu gewinnen. Das Drehbuch der Aufopferung erzählt eine Geschichte, in der wir verlieren, damit andere gewinnen können, und dies zu einem Zeitpunkt, an dem ein Drehbuch geschrieben werden könnte, mit Hilfe dessen alle gewinnen könnten. Aufopferung hat Angst vor der Nähe, die Gleichberechtigung bringt.

Ego: Jener Teil von uns, der Trennung und Besonders-Sein sucht und letztlich Gott sein möchte. Es ist der Teil von uns, der zuerst für sich und seine eigenen Bedürfnisse kämpft. Es ist aufgebaut auf Angst, Schuld, Negativität und Konkurrenzkampf und will in irgendeinem Bereich, selbst wenn es sich um etwas Schmerzhaftes handelt, der Beste bzw. der Schlimmste sein. Das Ego lenkt ab, zögert hinaus und versucht Entwicklung zum Stillstand zu bringen, da es sich hauptsächlich um seinen eigenen Fortbestand sorgt. Es gründet sich eher auf Vorherrschaft und Unterdrückung als auf irgendeine Form von Stärke oder Wahrheit. Es ist letzten Endes eine Illusion. Wir machen es stark, solange wir jung sind, und dann schmelzen wir es ein zugunsten von Partnerschaft und Gnade.

Gaben sind Aspekte der Größe und der Gnade, die jede Aufgabe leicht machen. Unsere Gaben sind die Antwort auf alle Situationen, da sie das Problem beseitigen. Gaben und Geschenke sind gelernte Lektionen, die ein kontinuierliches Geben und Fließen entstehen lassen. Sie sind Pakete der Weisheit, der Heilung und der Aufgeschlossenheit für die jeweilige Situation. In jedem Problem liegt ein potentielles Geschenk. Wir tragen Tausende von ungeöffneten Geschenken in uns, die ein Gegenmittel zu Schmerz und Problemen darstellen.

Höheres Bewußtsein: Der Bewußtseinsaspekt, der kreativ ist, der all unsere Antworten enthält bzw. empfängt, der unseren Willen und unseren Lebensgeist für die Gnade öffnet, die uns das Himmelreich und die Welt um uns herum gewähren wollen. Es führt uns stets mit leiser Stimme zur Wahrheit. Es ermutigt uns, gemeinsam zu gewinnen, und zwar nicht nur jetzt, sondern auch in Zukunft.

Kompensation ist das, was man in der Psychologie als „Reaktionsbildung" bezeichnet. Es handelt sich dabei um eine Rolle, die negative Gefühle verbergen und wettmachen soll, und sie soll beweisen, daß wir gute Menschen, unschuldig und voller Liebessehnsucht sind. Wo Kompensationen im Spiel sind, handeln wir auf entgegengesetzte Weise, womit wir auf ein irrtümliches Gefühl reagieren. Sie erlaubt uns kein Empfangen, da es sich nicht um wahres Geben handelt. Kompensation ist ein Mechanismus, der etwas beweisen soll. Bedauerlicherweise kann ein Großteil dessen, was wir tun, als Kompensation betrachtet werden. Diese Anstrengungen sind jedoch vergebliche Liebesmüh und ein Versuch, etwas zu beweisen, was keines Beweises bedarf, nämlich unsere Schuldlosigkeit und unseren Wert.

Liebe: Sie ist das höchste Ziel und der beste Weg zum Ziel. Sie ist die bezaubernde Erfüllung, die dann entsteht, wenn wir uns offenen Herzens weit machen.

Sie ist das Geben, Empfangen, Teilen und Dasein für den anderen. Liebe ist die Grundlage des Seins und die beste Beschreibung für Gott, unabhängig von Religionszugehörigkeit oder Glaube. Sie gibt uns alles, was wir wollen – Lebenssinn, Glücklichsein, Heilung, Genährtsein und Freude. Unsere Entwicklung und unser Glück beruhen darauf, wieviel wir in Liebe geben und empfangen.

Mangel: Eine auf Angst gegründete Überzeugung, daß es nicht genug gibt und daß wir oder ein anderer leer ausgehen müssen. Der Glaube an den Mangel setzt Machtkampf, Wettbewerbsdenken und Aufopferung in Gang.

Manifestieren: Darunter versteht man den bewußten Einsatz der Geisteskraft für die Wahl dessen, was wir wollen. Es ist das Visualisieren, Fühlen und Spüren dessen, was wir wollen, um es dann loszulassen und zu vertrauen. Manifestieren erlaubt uns, das, was wir wollen, bis ins kleinste Detail zu kreieren.

Schattenfiguren sind Selbst-Konzepte, mit denen wir Teile unserer selbst verurteilt und infolgedessen unterdrückt haben. Sie stellen Bereiche des Selbsthasses dar, die wir nach außen auf andere Menschen bzw. auf die Welt im allgemeinen projizieren.

Trotz: Trotzreaktionen sind eine Entscheidung, zurückzuschlagen, uns zu beschweren, uns zurückziehen oder uns selbst zu verletzen, wenn das Leben nicht so verläuft, wie wir es gerne hätten. Trotz kann sich in jeder Form von Versagen, Unreife oder mangelndem Erfolg zeigen.

Verbundenheit ist die Verbindung, die zwischen uns und anderen Menschen existiert. Verbundenheit schafft Liebe und Erfolg durch Leichtigkeit, nicht durch Kampf und Schwierigkeiten. Sie verleiht dem Klebstoff seine Haftkraft und der Teamarbeit die Gegenseitigkeit.

Verschmelzung bezeichnet ein Verwischen von Grenzen, was dann geschieht, wenn die Verbundenheit verlorengeht. Wir können nicht mehr sagen, wo wir enden und wo der andere beginnt. Verschmelzung ist die Antwort des Egos auf verlorene Nähe. Es handelt sich um eine vorgetäuschte Verbundenheit, die zu Aufopferung führt und Groll aufbaut. Verschmelzung schafft ein übermäßig belastendes Loyalitätsgefühl. Dies führt letztlich zu Ausgebranntsein und zum Schritt in das gegenteilige Extrem der Unabhängigkeit. Wir bewegen uns von übertriebener Fürsorge und erdrückender Liebe hin zu einem Handeln, das vorgibt, sich um nichts und niemanden zu kümmern.

Verschwörung: Eine chronische Falle des Egos, die derart gut eingerichtet ist, daß ein Entkommen unmöglich scheint. Verschwörungen sind besonders schwer zu heilen, bis wir erkennen, daß das Problem gerade in dieser Form inszeniert wurde.

Beziehungs-Stadien

Alle Beziehungen durchlaufen auf ihrem Weg zum Himmel auf Erden gewisse Stadien. Jedes Stadium besitzt seine eigenen Herausforderungen, Fallen und Antworten. Wenn du die Stadien einer Beziehung kennst, bist du besser auf den Umgang mit ihren Herausforderungen vorbereitet und stehst den Problemen nicht blind gegenüber.

1. Beziehungen beginnen mit dem romantischen Stadium der ersten Verliebtheit, auch Flitterwochenstadium genannt, in dem wir den Partner idealisieren; doch bereits in diesem Stadium können wir das Potential der Beziehung sehen und spüren.
2. Danach kommt das Stadium des Machtkampfes, in dem wir lernen, unsere Unterschiede zu überbrücken, zu kommunizieren, uns zu verbinden und beide Standpunkte zu integrieren. In diesem Stadium projizieren wir unsere Schattenfiguren auf den Partner und kämpfen hauptsächlich für unsere Bedürfnisse.
3. Die Todeszone ist ein Stadium, in dem wir lernen, korrektes Benehmen durch Authentizität zu ersetzen und unseren eigenen Wert ohne Rollen oder Aufopferung zu finden; und wir lernen in diesem Stadium, wie man echte Verbundenheit eingeht und über die falsch verstandene Verbundenheit der Verschmelzung hinausgeht.
4. Im Stadium der Partnerschaft haben wir ein Gleichgewicht zwischen unserer eigenen männlichen und weiblichen Seite erreicht und verwirklichen dies entsprechend auch in der Beziehung mit unserem Partner, wobei wir Gleichgewicht, Gemeinschaftlichkeit und Nähe finden.
5. Das Führungsstadium ist jenes Stadium, in dem beide Partner im Leben eine gewisse Führung übernommen und gelernt haben, sich jenseits von Persönlichkeitskonflikten und Konkurrenzkämpfen gegenseitig wertzuschätzen.
6. Das Stadium der Vision tritt dann ein, wenn wir gemeinsam mit unserem Partner zum Visionär geworden sind, indem wir unseren Beitrag zur Welt leisten und unbewußten Schmerz und Verletzungen heilen.
7. Das Meisterschaftsstadium in Beziehungen ist jenes Stadium, in dem wir unsere Versager- und Wertlosigkeitsgefühle bis zu jenem Punkt geheilt haben, an dem wir uns vom Tun und Werden zum Sein und zur Gnade bewegen. In diesem Stadium werden wir zu einem lebenden Schatz für die Welt. Es ist für unsere Beziehung der Beginn des Himmels auf Erden.

Seminare mit Lency und Chuck Spezzano

Psychology of Vision-Seminare sind verdichtete Lebenserfahrung. Sie sind eine Gelegenheit, die vielen Facetten unserer Persönlichkeit zu erkunden und die praktischen Schritte zu erlernen, die uns von dort, wo wir jetzt sind, zum lebendige Ausdruck des vollen menschlichen Potentials führen. Jedes Seminar ist ein einzigartiges Erlebnis, eine Entdeckungsreise in die Welt des Bewußtsein.

An *Psychology of Vision*-Seminaren treffen sich Menschen jeden Alters, aus vielen Ländern, mit verschiedenstem beruflichen und persönlichem Hintergrund, alleinstehende Frauen und Männer (rund die Hälfte der Teilnehmer sind Männer), Paare, ja sogar ganze Familien. Was alle verbindet, ist die Bereitschaft, sich für Veränderungen zu öffnen, um mehr Lebendigkeit, mehr Erfolg, liebevollere Beziehungen in ihrem Leben zu verwirklichen.

Als Team und Ehepaar verbinden sich in Chuck und Lency Spezzano zwei außergewöhnliche Persönlichkeiten zu einer Intensität, die tiefgreifende Veränderungen in den Menschen auszulösen vermag, und zwar auf allen Ebenen menschlichen Seins: spirituell, psychisch-emtionell, körperlich.

Kontaktadresse für die Seminare:

Psychology of Vision
Deutschland, Schweiz und Österreich
Klarastraße 18 · D-60433 Frankfurt
Tel.: ++49 (0) 69 - 53 09-59 40
Fax: ++49 (0) 69 - 53 09-59 42
e-mail: D-A-CH@psychologyofvision.com
www.psychologyofvision.com

Frankfurter Ring e.V.
Oeder Weg 43, D-60318 Frankfurt
Tel.: ++49 (0) 69 - 51 15 55
Fax: ++49 (0) 69 - 51 22 20
www.franfurter-ring.org

Weitere Bücher aus dem Verlag Via Nova:

Wenn es verletzt, ist es keine Liebe

Die Essenz des Bestsellers
Hörbuch mit 3 CDs – gelesen von Werner Vogel

Chuck Spezzano

Hörbuch mit 3 CDs, ISBN 978-3-86616-066-8

Die Weisheit der Liebe, die der Verfasser des Bestsellers in jahrzehntelanger Forschungsarbeit als Psychotherapeut, als weltweit bekannter Seminarleiter, als visionärer Lebenslehrer und als Begründer der „Psychology of Vision" entdeckt und in klare Weisungen umgesetzt hat, verwandelt den Menschen und berührt sein wahres Wesen, das Liebe ist. Die wichtigsten Aussagen des Buches sind in dem Hörbuch zusammengestellt. Durch die nach jedem Abschnitt angebotenen Übungen kann das theoretisch Erkannte auch in den praktischen Alltag umgesetzt werden, dann wird das Hörbuch zu einem Wegbegleiter und Ratgeber in bedrängenden Beziehungsnöten. Eine begleitende spirituelle Musik führt noch stärker in die Tiefe und verstärkt die Wirkung der Übungen. So werden Sie Schritt für Schritt in die wichtigsten Grundprinzipien der Liebe eingeführt, reifen in Ihrer Selbsterkenntnis und können Ihre Beziehungen in Partnerschaft und Freundschaft neu ordnen, vertiefen und intensivieren.

50 Wege, die wahre Liebe zu finden

4. erweiterte Auflage

Chuck Spezzano

Hardcover, 208 Seiten – ISBN 978-3-936486-10-0

Dieses Buch richtet sich an diejenigen, die auf der Suche nach ihrem wahren Partner sind. Aber auch an all jene, die ihren Partner bereits gefunden haben und Unterstützung auf dem eigenen Beziehungsweg suchen. Der Autor macht deutlich, dass es nicht damit getan ist, den richtigen Partner zu finden, es bedarf auch des Wunsches, mit diesem Partner zusammen glücklich zu werden. „Wenn du deinen Partner gefunden hast, geht die Reise erst richtig los!", so Chuck Spezzano. Aufgrund der universalen Gültigkeit der vorgestellten Beziehungs-Prinzipien lassen sich diese auch auf andere Lebensbereiche übertragen. Ob der Leser einen neuen Arbeitsplatz oder Unterstützung beim nächsten Schritt in seinem Leben sucht oder ob er sich allgemein mehr Erfolg, Glück und Gesundheit wünscht – immer wieder kann er dieses Buch zur Hand nehmen.

50 Wege das Leben positiv zu gestalten

Wie Sie jedes Problem lösen und Ihr Leben verbessern können

4. Auflage

Chuck Spezzano

Paperback, 272 Seiten, ISBN 978-3-86616-067-5

Jeder von uns möchte ein glückliches, gesundes und erfolgreiches Leben führen, oder er sucht nach Wegen und Möglichkeiten, es positiv zu gestalten und zu verbessern. In diesen Buch finden Sie Heilungs- und Lebensprinzipien, die Ihnen helfen, diese Ziele zu verwirklichen. Wir erhalten alle Zugang zu der wertvollen Weisheit, die zahllosen Menschen auf der ganzen Welt einen Weg zur Lösung ihrer Probleme und zur Verbesserung des Lebens gewiesen hat. Das Buch ist ein wichtiger Ratgeber für alle, die eine Veränderung in ihrem Leben bewirken wollen. Es stellt fünfzig umfassende Möglichkeiten vor, um Lebensprobleme zu lösen und dann weiterzugehen. Folgen Sie den aufschlussreichen, praktischen Übungen und lernen Sie, wie Sie jede Schwierigkeit, die Ihnen im Weg steht, erfolgreich bewältigen, Ihren Geist transformieren und den Weg zu persönlicher Entwicklung entdecken können. Probleme enden niemals – das liegt in ihrer Natur, und mit jedem Problem, das wir bewältigen, kommen wir in unserer persönlichen Entwicklung einen Schritt voran. Dieses Buch möchte den Leser auf seinem Weg begleiten, ihm ein treuer Freund und Gefährte sein, der immer da ist, wenn man ihn braucht.

Karten der Liebe

84 farbige Karten mit Begleitbuch

2. Auflage

Chuck Spezzano

Karten und Buch in einer Stülpschachtel, Buch 144 Seiten
ISBN 978-3-936486-08-7

Einige Menschen scheinen größeres Glück in der Liebe zu haben als andere, aber es steckt mehr dahinter als nur Glück. Der Verfasser zeigt auf anschauliche Weise, wie der aufmerksame Leser mit Hilfe der 84 Karten seine Chancen für eine glückliche und erfolgreiche Liebesbeziehung vergrößern kann. Die Karten sind in die vier Kategorien Heilung, Glück, Gnade und Probleme unterteilt. In dem dazugehörigen Begleitbuch werden alle Karten und ihre jeweiligen Bedeutungen ausführlich beschrieben. Außerdem werden verschiedene Befragungsbeispiele und Legesysteme vorgestellt. „Die Karten der Liebe" sind sowohl für Menschen gedacht, die noch nach ihrer ganz besonderen Beziehung suchen oder die gerade am Anfang einer Beziehung stehen als auch für Menschen in einer langfristigen Beziehung, für die die Karten neue Erkenntnisse über ihre Liebesbeziehung vermitteln und eine Hilfe darstellen, sie zu verbessern. Sie zeigen nicht nur die schönen Seiten der Liebe wie Vertrauen, Lachen und Glück, sondern auch ihre Fallen wie Erwartungen, Kontrolle und Eifersucht, die es zu vermeiden gilt, damit die Liebe nicht schal wird.

Es muss einen besseren Weg geben

Ein Handbuch zur Psychologie der Vision

Dr. Chuck Spezzano und Lency Spezzano

Hardcover, 184 Seiten – ISBN 978-3-936486-25-4

Dieses neue, systematisch aufgebaute und dabei übersichtlich-prägnante Handbuch zur Psychologie der Vision
- gibt einen Einstieg, um die grundlegenden Prinzipien der Psychologie der Vision einer breiten interessierten Öffentlichkeit zugänglich zu machen;
- beschreibt das Wesen und den Wert der Psychologie der Vision für Therapeuten und für Menschen, die selber an sich arbeiten möchten;
- bietet eine einfachen Zugang zum Verständnis von Essenz, Modellen, Methoden und Techniken der Psychologie der Vision;
- fördert die Vertiefung von Prozessen für Teilnehmer/-innen an Vorträgen und Seminaren über die Psychologie der Vision und stellt einen Leitfaden für Menschen dar, die sich eine formelle Ausbildung überlegen;
- präsentiert schließlich innovative und machtvolle geistige Samen, um das Bewusstsein zu transformieren und die Welt zum Besseren zu verändern.

Erfolg kommt von innen

Chuck Spezzano

Hardcover, 232 Seiten – ISBN 978-3-86616-019-4

Das neue Buch des bekannten Lebenslehrers Chuck Spezzano ist von wegweisender Bedeutung für alle Menschen, die ihr Leben erfolgreich gestalten wollen. Anders als viele andere Bücher, die das Thema „Erfolg im Leben" aus einer äußeren Sichtweise behandeln, schlägt Dr. Spezzano seinen Lesern vor, mit der machtvollen Kraft ihres Geistes und ihres Herzens von innen heraus zu Erfolg und Fülle zu gelangen. Auf seine typische, unnachahmlich humorvolle Art legt er dar, welche Schwierigkeiten die Menschen daran hindern, wirklich erfolgreich zu sein, und welche Strategien dem Einzelnen zur Verfügung stehen, um diese Schwierigkeiten zu überwinden. In 100 in sich abgeschlossenen Lektionen erfährt der Leser nicht nur, wie er die Probleme, die seinen Erfolg behindern, erfolgreich heilen und transformieren kann. In die einzelnen Kapitel integrierte praktische Übungen ermöglichen es ihm außerdem, die gewonnenen Erkenntnisse mühelos in den Alltag zu transportieren.

Dynamische Aufstellungen
Heilung durch die Macht der Liebe
Peter Reiter
Hardcover, 240 Seiten – ISBN 978-3-86616-008-8

„*Dynamische Aufstellungen*" sind ein neues und geradezu sensationell wirkungsvolles Heilverfahren, das Elemente von Mystik und Spiritualität mit moderner Psychologie verbindet. Hier werden nicht mehr wie beim Familienstellen die beteiligten Personen, sondern vor allem die Emotionen und Energien des zu heilenden Konflikts aufgestellt und geheilt. Ein weiteres wesentliches Element ist die Ausrichtung auf die göttliche Liebesenergie und die dem Menschen innewohnende geistige Kraft, die durch die Intelligenz und Ganzheit des Geistes die Konflikte auf der Ursachenebene wieder in den Fluss bringt und empirisch nachvollziehbar hier oft Wunder wirkt. Dr. Peter Reiter hat mit diesem weltweit ersten Grundlagenwerk einen Leitfaden für Heilungssuchende geschaffen, mit dem der Leser Schritt für Schritt in diese zukunftsweisende Heil-Methode eingeführt wird. Zugleich bietet es fundierte Einblicke in die Wirkungsweise, die Hintergründe sowie die Umsetzung in der Praxis und ist somit eine unabdingbare Orientierungshilfe für Heilungssuchende und Therapeuten.

Leben heißt Loslassen
Alles, was wir festhalten, hält auch uns fest
Matt Galan Abend

Hardcover, 168 Seiten – ISBN 978-3-86616-024-8

Das Besitz anzeigende Fürwort MEIN ist sicher eines der meist gebrauchten Wörter unserer Sprache. Aber in Wirklichkeit ist nichts von dem, was wir für MEIN halten, wirklich unser Eigentum. Menschen schon gar nicht, und auch die materiellen Besitztümer, die wir mal mehr, mal weniger zur Verfügung haben, sind Leihgaben, mit denen wir eine Weile spielen dürfen. Wenn das Spiel unseres Lebens abgepfiffen wird, verlassen wir das Spielfeld, aber die Dinge können wir nicht mitnehmen. Fällt uns das Loslassen bei Dingen noch einigermaßen leicht, so haben wir große Schwierigkeiten mit dem Loslassen gegenüber unseren Kindern, Partnern, Freunden, unseren Vorstellungen, Plänen, Wahrheiten – die Liste lässt sich leicht verlängern. Wir machen uns gar nicht klar, wie viel Energie uns das Festhalten kostet. Aber nur wenn wir loslassen, können wir uns dem ständigen Wandel des Lebens, dem Entstehen und Vergehen, dem Kommen und Gehen anvertrauen, nur dann können wir im Fluss der Schöpfung sein.

Aus der Weisheit des Herzens leben
Eine praktische Anleitung für das innere Wachstum durch Liebe
Joyce und Barry Vissell
Paperback, 264 Seiten – ISBN 978-3-86616-025-5

Für viele Paare bedeutet eine Beziehung eine Welle frischverliebter Seligkeit, gefolgt von Schwierigkeiten und Enttäuschungen und schließlich einer Trennung. Mit 35 Jahren Ehe und 25 Jahren klinischer Erfahrung im Rücken haben die beiden Bestseller-Autoren Joyce und Barry Vissell Hunderten von Menschen dabei geholfen, diesen Zyklus fehlgeschlagener Beziehungen zu durchbrechen, indem sie ihnen zeigen, dass eine Beziehung eine Möglichkeit ist, als Individuum zu wachsen – sich tief nicht nur mit einem anderen Menschen zu verbinden, sondern auch mit seinem eigenen Herzen.
Sie werden lernen: wie Sie einen echten Lebensgefährten finden, die wichtigsten Zutaten zu jeder Beziehung, warum so viele Leute sich vor Intimität fürchten wie Sie Eifersucht, Kritik und Beschuldigen in Wachstum verwandeln können, warum „Nein"-Sagen ein fundamentaler Schritt ist, lieben zu lernen, wie Sie eine blockierte sexuelle Beziehung heilen können und vieles mehr.

Quantengeist und Heilung
Auf seine Körpersymptome hören und darauf antworten
Arnold Mindell
Paperback, 296 Seiten – ISBN 978-3-86616-036-1

Quantengeist und Heilung ist Arnold Mindells neues Modell der Medizin, das auf den atemberaubenden Erkenntnissen der Pioniere der Quantenphysik beruht, welche die Landschaft unseres Glaubenssystems beinahe täglich neu gestalten. Mindell, der dort weitermacht, wo C. G. Jung aufhörte, hat sich als führender Experte im Gebrauch von Konzepten aus der Quantenphysik zur Heilung von Geist und Psyche erwiesen. Das Buch geht weit über die Theorie hinaus und stellt einfache Techniken, Übungsanleitungen und präzise Erklärungen wesentlicher Konzepte zur Verfügung, die es jedem Einzelnen ermöglichen, die Wurzeln selbst von chronischen Symptomen und Krankheiten, emotionalen, krankmachenden Mustern freizulegen, zu verstehen und zu beseitigen. Arnold Mindell: „Quantenphysik, die auch Sie anwenden können. Allen Aktionen und Ereignissen im Universum liegt eine Kraft zugrunde. Jeder Mensch besitzt die Fähigkeit, diese anzuzapfen, mit ihr zu interagieren und sie zur Selbstheilung zu benutzen."

Der Traumwanderer
Eddie Kramer und das Buch der Träume
Edition Spirituelle Romane
Richard Wilder
Paperback, 384 Seiten – ISBN 978-3-86616-003-3

Als der dreizehnjährige Eddie Kramer aus San Fransisco einem alten Flohmarkthändler ein ungewöhnliches, antikes Kartenspiel abkauft, beginnt das größte Abenteuer seines Lebens. Von nun an bestimmt eine Kette unglaublicher Ereignisse sein Dasein. Eddie entdeckt eine Straße, die für die meisten Menschen nicht sichtbar ist, aber dennoch existiert. Hier verfolgen außergewöhnliche Menschen ein gemeinsames Ziel: Die Suche nach dem seit Jahrtausenden verschollenen Buch der Träume. Das darin enthaltene Wissen soll es jedem Menschen ermöglichen, seine Lebensträume zu Realität werden zu lassen. Nur eine auserwählte Person – Eddie Kramer – kann zu einer vorbestimmten Zeit das Buch von seinem geheimen Ort holen, um es den Menschen zu bringen. Unterstützt durch magische Gegenstände und begleitet von seinen neuen Freunden macht sich Eddie auf die Suche. Den Gefährten steht eine gefährliche Reise bevor. Eddies abenteuerliche Jagd führt ihn zu den Hopi-Indianern und bis in das geheimnisvolle Hochland von Tibet nach Shambhala, wo mystische Legenden zu Realität werden. Ein spirituelles und abenteuerliches Lesevergnügen für Erwachsene und Jugendliche.

Larina
Über die leuchtende Kraft der Gedanken
Edition Spirituelle Romane
Rita Messmer
Paperback, 216 Seiten – ISBN 978-3-86616-046-0

Der Mensch ist kein Zufallsprodukt der Natur. Welche Bedeutung hat das Bewusstsein? Wie wirken ein Gebet oder Bachblüten? Wieso ist es wichtig für den Menschen, dass er sich Gott zuwendet? Was bewirken unsere Gedanken? Was ist Mensch-Sein? Was sagt uns die Quantenphysik? Alles ist Energie. Seit Einstein wissen wir: Materie ist in Form gebrachte Energie, und diese Form wandelt sich, wenn sich die Energie verändert. Wenn wir von einem Primat des Bewusstseins ausgehen und nicht der Vorherrschaft der Materie, lassen sich sowohl die „alten" spirituellen Weisheiten als auch die Quanten-Paradoxa erklären. Dieses Buch nimmt Sie mit auf eine spannende Reise, die zeigt, wie sich Wissenschaft und Spiritualität ergänzen – wie sie lediglich verschiedene Aspekte der einen Wirklichkeit sind. Es zeigt auch, warum wir so sind, wie wir sind, und was wir tun müssen, um den geistigen Fortschritt, dessen Keim in jedem Menschen wurzelt, zu verwirklichen. Früher hat man Tiefgründiges in Geschichten wie Märchen gepackt; in ähnlicher Weise bringt Ihnen dieses Buch wissenschaftliche Erkenntnisse philosophisch näher.